汽车职业技能码上学丛书

汽车机电维修码上学

陈甲仕 主编

机械工业出版社
CHINA MACHINE PRESS

本书根据新形势下汽车机电维修的特点，以“图解＋视频”的形式进行讲解，由浅入深，突出操作技能，内容新颖，贴近实际维修，有别于目前国内出版的同类教材和图书。全书内容覆盖日常汽车机电维修过程中常见的知识要点和技能。

本书选取了大量的图片和视频相结合，简单实用，易学易懂，可供汽车机电工学徒或准备从事汽车机电维修的广大读者学习使用，也可作为相关汽车院校操作培训的辅导用书。

图书在版编目（CIP）数据

汽车机电维修码上学/陈甲仕主编．—北京：机械工业出版社，2018.12

（汽车职业技能码上学丛书）

ISBN 978-7-111-61199-8

Ⅰ．①汽…　Ⅱ．①陈…　Ⅲ．①汽车－机电设备－维修　Ⅳ．①U472.41

中国版本图书馆CIP数据核字（2018）第243645号

机械工业出版社（北京市百万庄大街22号　邮政编码100037）

策划编辑：杜凡如　责任编辑：杜凡如　徐　霆

责任校对：梁　静　封面设计：王九岭

责任印制：孙　炜

北京利丰雅高长城印刷有限公司印刷

2019年1月第1版第1次印刷

184mm×260mm · 8.25印张 · 165千字

0001—3000册

标准书号：ISBN 978-7-111-61199-8

定价：49.00元

凡购本书，如有缺页、倒页、脱页，由本社发行部调换

电话服务	网络服务
服务咨询热线：010-88361066	机 工 官 网：www.cmpbook.com
读者购书热线：010-68326294	机 工 官 博：weibo.com/cmp1952
010-88379203	金 书 网：www.golden-book.com
封面无防伪标均为盗版	教育服务网：www.cmpedu.com

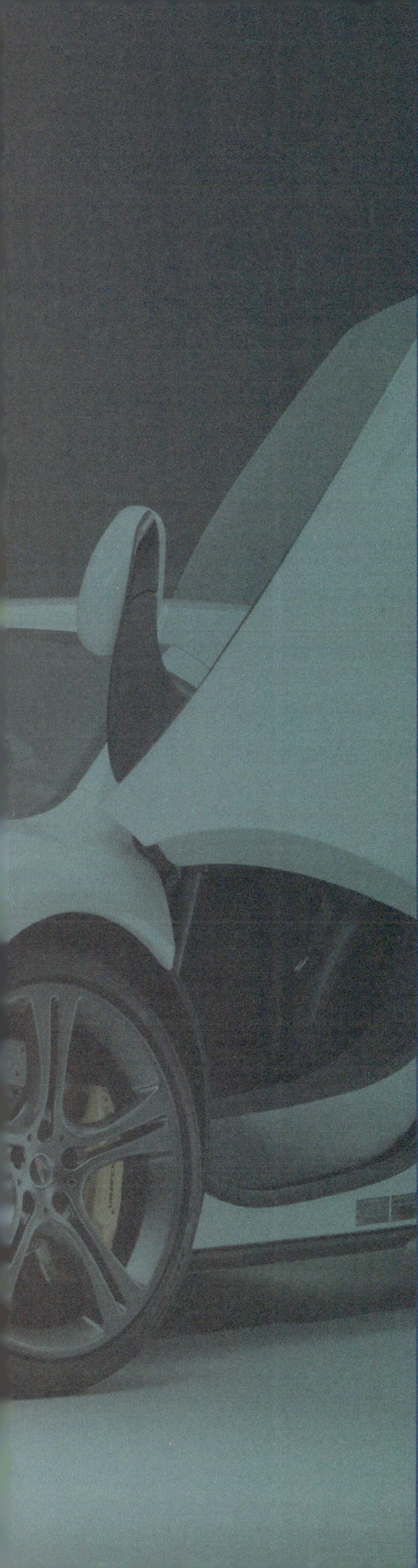

前言

随着汽车技术的成熟，汽车的故障率越来越低，平常均是以小修或更换易损件为主。为了使广大从事汽车机电维修的人员更快地进入汽车机电维修的角色，提高从业技术和实践水平，特意编写《汽车机电维修码上学》来满足大家的学习需求。

本书采用“图解 + 视频”的独特方式进行讲解，并且融合了修车过程中的精髓，让读者学得轻松、学得愉快，即学即上岗。全书分为 6 章、共 50 个项目进行阐述，主要内容包括发动机、底盘、电气维修等修车过程中常见的维修项目。

本书选取了大量的图片和视频相结合，易学实用、通俗易懂，能够学以致用，可供汽车机电工学徒或准备从事汽车机电维修的广大读者学习使用，也可作为汽车院校师生实训指导用书。

本书由陈甲仕主编，参加编写的人员有陈科杰、陈柳、黄容。在本书编写过程中，得到了许多汽车维修企业以及广大技师朋友的大力支持和协助，在此表示诚挚的感谢！

由于编者水平有限，书中难免有不足之处，恳请广大读者批评指正，以便再版时补充完善。

编　者

目 录

第 1 章　发动机诊断基础

1. 发动机电控系统故障码的读取与清除

（1）首先将故障诊断仪插接器连接至 DTC 诊断插座。

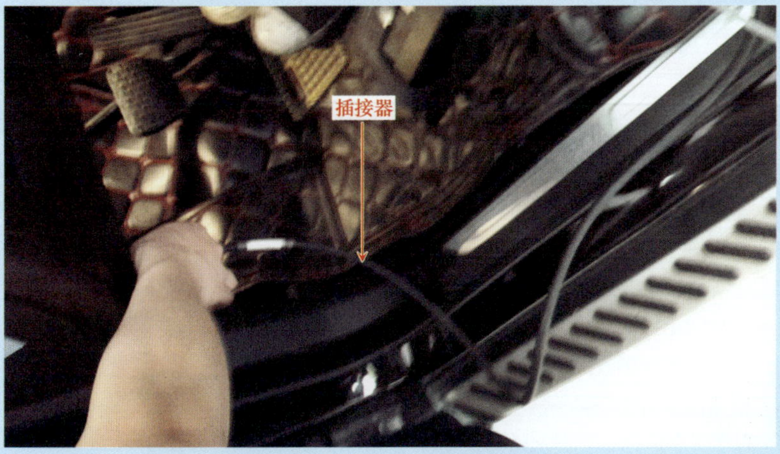

连接诊断仪插接器

连接诊断仪插接器

（2）启动电脑，打开诊断程序，然后根据故障诊断仪界面的提示输入车辆数据，读出车辆的永久性和偶发性 DTC 记录。

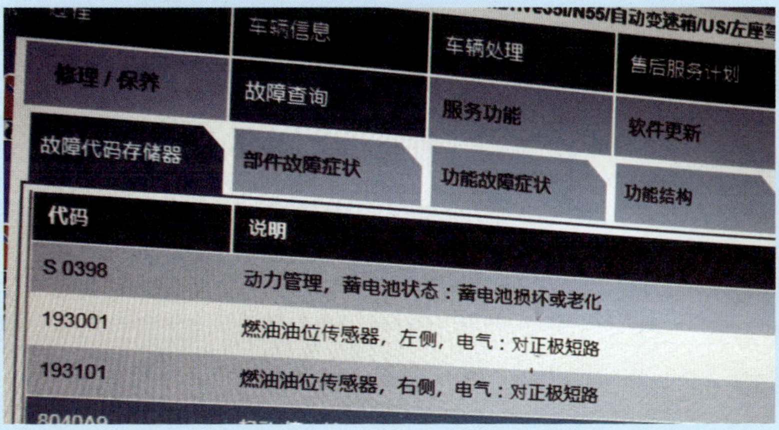

读出车辆 DTC 记录

读出车辆 DTC 记录

清除 DTC 故障码

（3）记录 DTC 或发动机电控系统故障排除后，连接故障诊断仪清除发动机电控系统故障码。

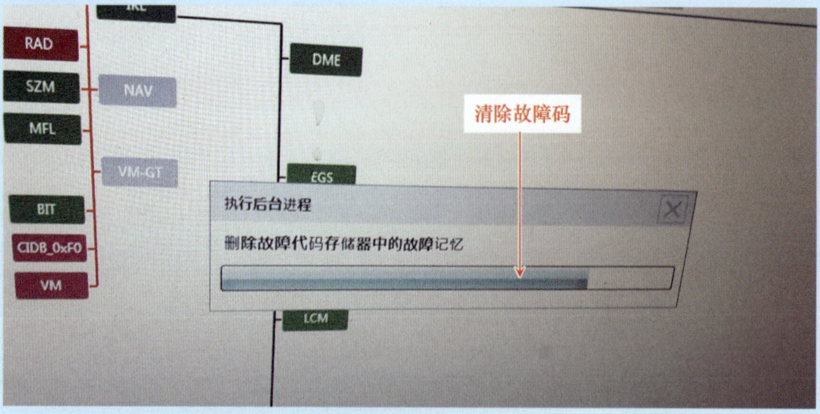

清除DTC故障码

2. 发动机电控系统的线路检修方法

检查发动机电控系统的线路

（1）首先观察发动机线束插接器有无松脱、插接器有无脏污、线路有无断路等异常情况。注意：拆卸插接器时不要拉扯导线断开插接器，应直接握住插接器进行拆卸。在连接插接器之前，确认端子安装到位且没有弯折的异常情况。

（2）若插接器有脏污，则应用风枪将其吹干净。

检查发动机电控系统的线路

相关知识

（1）检查电动燃油泵电源是否有故障时，首先断开电动燃油泵线束插头，检查插头有无烧蚀的情况。如果没有，应进行下一步检查。

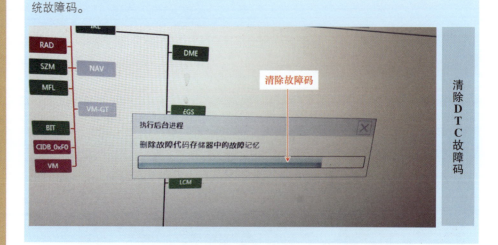

（2）用试灯探针插在电动燃油泵线束插头（线束侧）中，另一端搭铁，然后将点火开关转至接通。若试灯不点亮，应检查电动燃油泵的搭铁电路或电动燃油泵与电动燃油泵熔丝之间电路。若测试灯能正常点亮 2s，说明电动燃油泵电源电路正常，故障在电动燃油泵，应更换电动燃油泵。

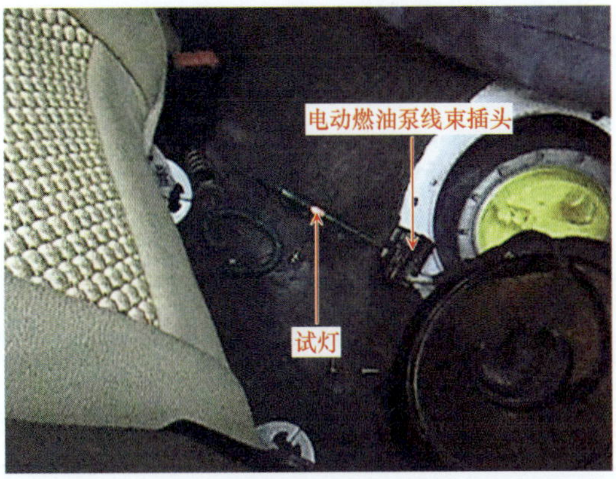

检查电动燃油泵电源电路

检查电动燃油泵电源电路

3. 发动机异响的诊断

发动机异响诊断

（1）首先使用听诊器抵触在怀疑发动机异响的部位。

（2）仔细听发动机的响声，同时反复踩加速踏板，让发动机转速不断变化，如果突然加速或减速时，听诊器抵触部位确实有明显的异响，则说明发动机该部位存在故障，应该对异响部位进行维修。

发动机异响的诊断

相关知识

听诊器是一种检查汽车异响故障的最基本的工具，它能在汽车运转时探测到轴承、齿轮、气门、曲轴、活塞、变速器、传动轴等运转部位的缺陷和故障所产生的冲击振动。利用听诊器能够帮助维修人员找到旋转机械部件故障的问题根源，从而节省时间、提高检测效率。

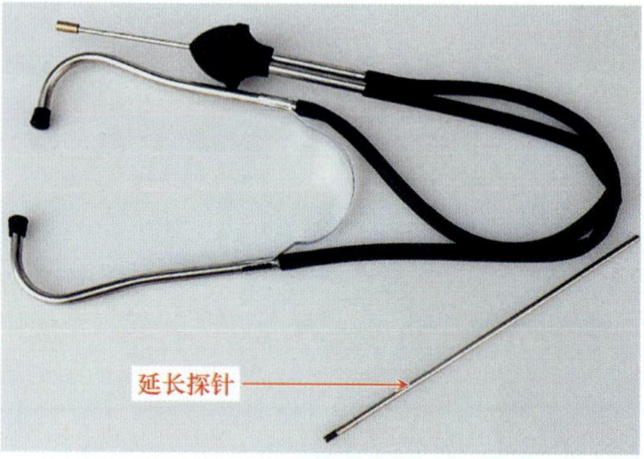

听诊器

第 2 章　汽车发动机机械系统检修

4. 气缸体的检查

气缸体裂纹可以通过观察法进行检查，也可以采用水压试验法进行检查。水压试验法主要是用盖板封住气缸体水道口，用水压机将水压入缸体水道中，要求在 300 ~ 400kPa 的压力下，保持约 5min，应没有任何渗漏现象。如果发现气缸体有裂纹应更换气缸体。

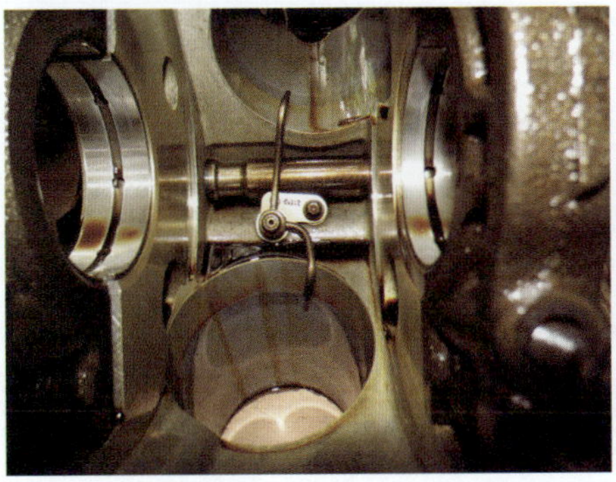

检查气缸体裂纹

检查气缸体

相关知识

（1）检修气缸体时，首先使用刮刀将气缸体表面所有积炭或异物清理干净，但是清理过程中切勿将气缸体表面刮伤。

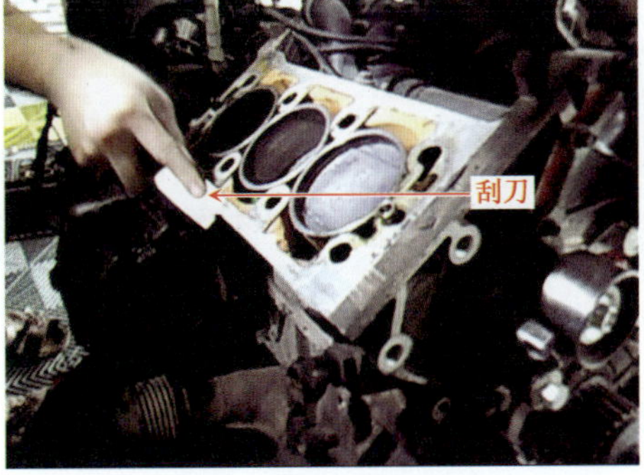

用刮刀清理气缸体表面

用刮刀清理气缸体表面

（2）使用钢直尺测量气缸体表面的平面度。如果平面度变形量小于0.05mm，则可以进行研磨修复；如果平面度变形量大于规定值，则应更换气缸体。

测量气缸体表面的平面度

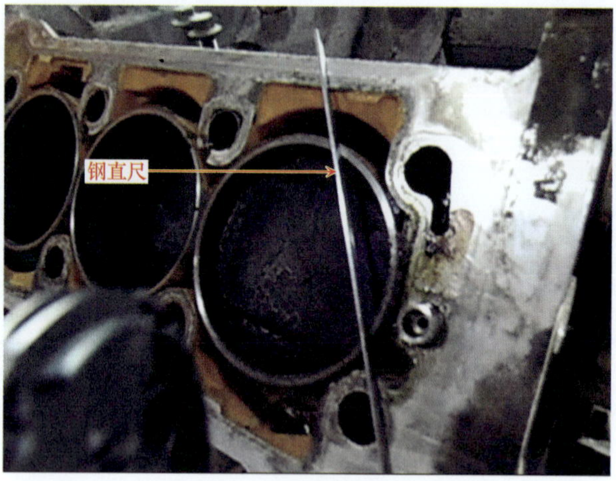

测量气缸体表面的平面度

5. 气缸盖的检查

气缸盖裂纹可以通过观察法进行检查，也可以采用水压试验法进行检查。此外，可以使用钢直尺和塞尺测量气缸盖表面的平面度。

检查气缸盖裂纹

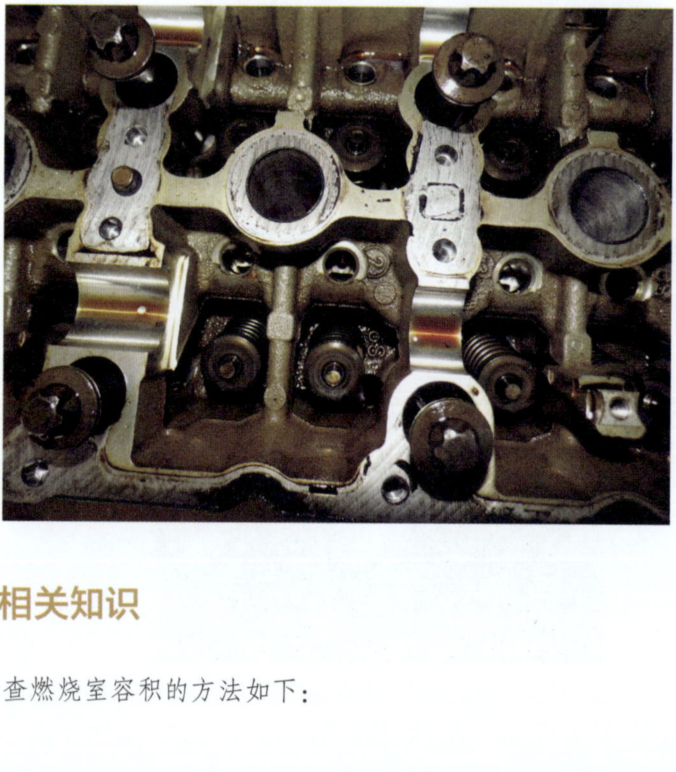

检查气缸盖裂纹

相关知识

检查燃烧室容积的方法如下：

（1）检查燃烧室容积之前，首先将火花塞及气门安装到气缸盖上，然后将气缸盖平面朝上并水平放置在工作台上。

（2）在燃烧室上盖一块带小孔的平面玻璃，然后通过平面玻璃的小孔用注射器向燃烧室内注入混合油液或冷却液，当液面与平面玻璃接触时，此时注入的混合油液或冷却液的体积就是该缸的燃烧室容积。

（3）将每个缸所测得的燃烧室容积与发动机标准数值进行比较，如果燃烧室容积变化过大，则更换新的气缸盖。

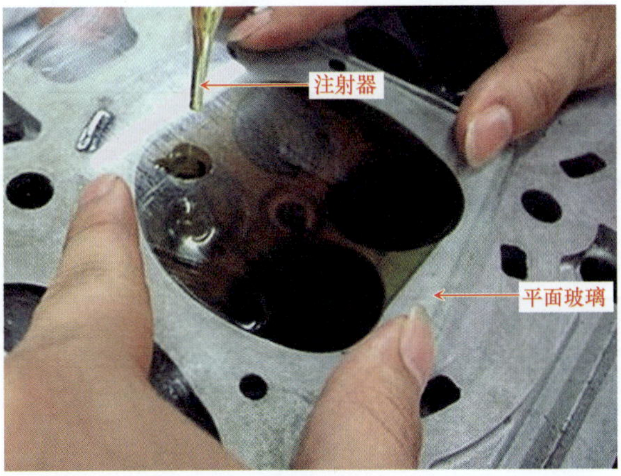

检查燃烧室容积

6. 排气歧管的检查

（1）可以通过观察法检查排气歧管是否有裂纹或明显的变形，如果有异常，则应更换排气歧管。

排气歧管

检查排气歧管的平面度

（2）使用钢直尺检查排气歧管的平面度，如果平面度大于0.70mm，则应更换排气歧管。

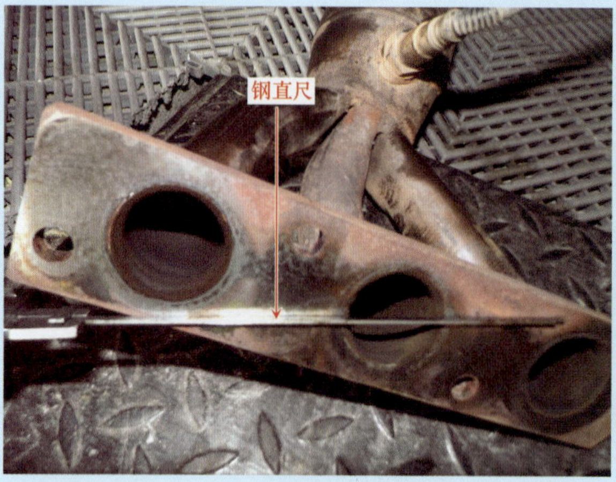

检查排气歧管的平面度

7. 气缸盖的拆装

拆卸排气凸轮轴

（1）拆卸气缸盖。

1）拆卸气缸盖附件。首先拆下进、排气歧管总成，然后拆下点火线圈、火花塞及其垫圈。

2）拆下气门室罩盖。

3）将凸轮轴正时齿轮的标记对准，并做好标记。

4）将曲轴转动到第一缸的上止点位置。

5）在排气凸轮轴正时齿轮上插上销针。

6）拆卸排气凸轮轴。

7）拆卸进气凸轮轴，然后从进气凸轮轴正时齿轮上拆下正时链条导轨及正时链条等部件。

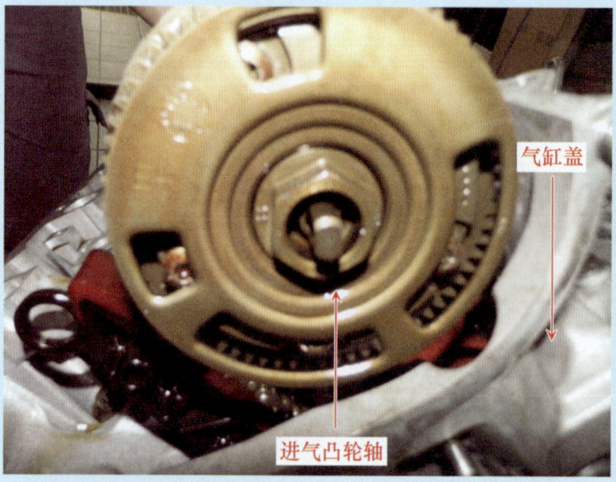

拆卸凸轮轴

8）从两边到中间对角交叉、分次拧松气缸盖螺栓并旋下，将气缸盖拆下。

9）取下气缸盖衬垫。

（2）安装气缸盖。

1）在安装气缸盖之前，要将曲轴转动到第一缸上止点位置。

2）安装气缸盖衬垫，将气缸垫有标记的一面朝上。

3）安装气缸盖，将气缸盖螺栓按照对角顺序及规定力矩拧紧。

安装气缸盖衬垫

安装气缸盖衬垫

安装气缸盖

安装气缸盖

8. 液压挺柱的安装

在液压挺柱的安装孔内用干净的机油润滑，然后按照顺序将液压挺柱放置到安装孔内。注意：液压挺柱要按照原来的安装位置进行安装，不可打乱原来液压挺柱的安装位置。

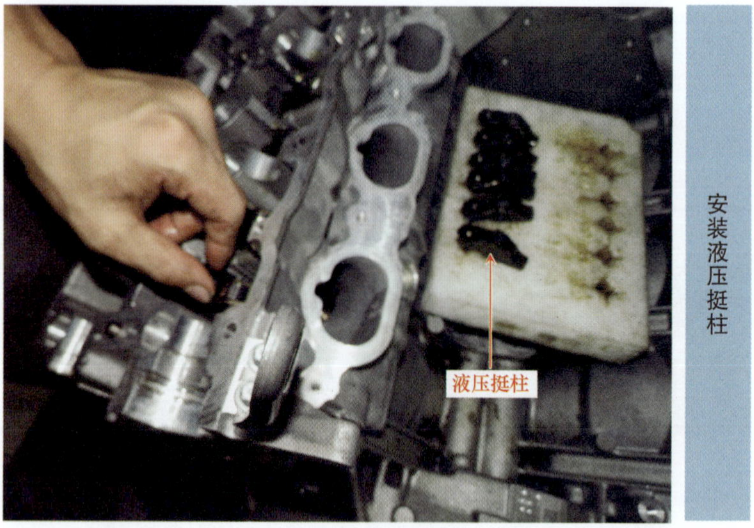

安装液压挺柱

相关知识

液压挺柱主要由柱塞、挺柱体、柱塞弹簧、单向阀、单向阀弹簧和工作室等组成。由于单向阀可以把一定数量的发动机机油封装在工作室内，改变封装在工作室内发动机机油的数量，就可以改变液压挺柱的长度，从而起到自动调整气门间隙的作用。

(1) 首先检查液压挺柱是否出现裂纹、磨损的痕迹，如果有，必须更换新的液压挺柱。当需要更换液压挺柱时，必须将全部液压挺柱一起更换。

(2) 用手指捏住液压挺柱的上、下端面并用力按压，如液压挺柱有弹性，则说明该液压挺柱已失效，应更换液压挺柱。

液压挺柱

9. 凸轮轴装配

（1）首先将进气凸轮轴及调节器清洗干净，然后用压缩空气吹干。

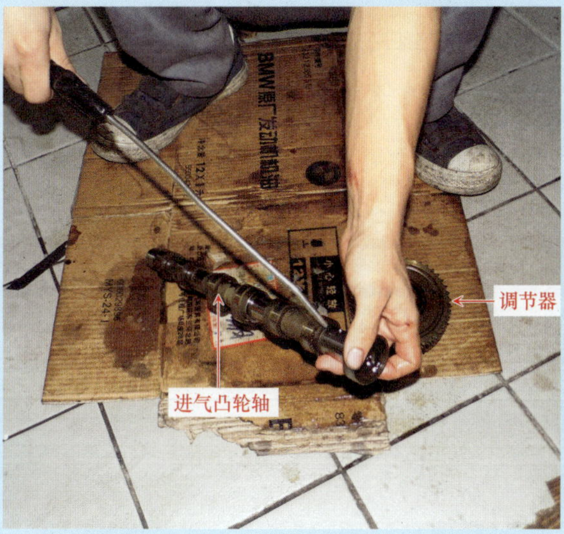

清洁干净进气凸轮轴

清洗进气凸轮轴

（2）在气缸盖凸轮轴安装位置涂抹一层机油，小心地放置好进气凸轮轴。首先将正时链条套入进气凸轮轴调节器，然后将进气凸轮轴调节器装入进气凸轮轴内，用进气凸轮轴中心螺栓将进气凸轮轴调节器和脉冲轮拧紧，最后用轴承盖固定好进气凸轮轴。注意：安装进气凸轮轴时凸轮必须朝上，并且要确保正时链条与进气凸轮轴调节器安装位置准确。

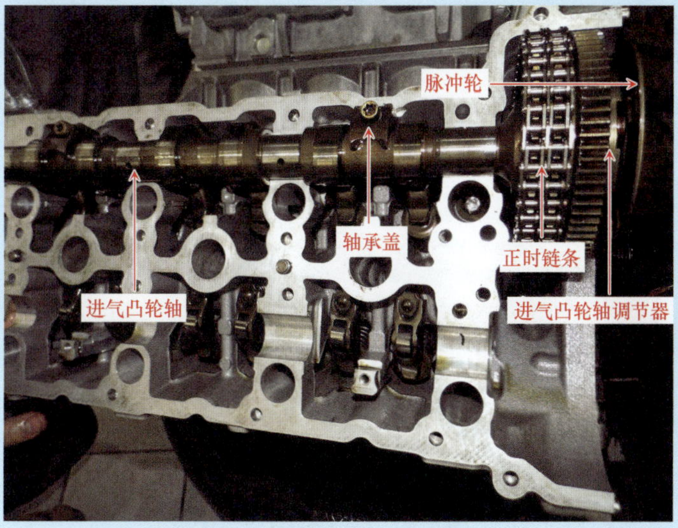

安装进气凸轮轴

安装进气凸轮轴

安装正时链条张紧器

(3) 安装好正时链条张紧器，然后调整好正时链条的张紧度。

安装正时链条张紧器

清洗排气凸轮轴及调节器

(4) 将排气凸轮轴及调节器清洗干净，然后用压缩空气吹干。

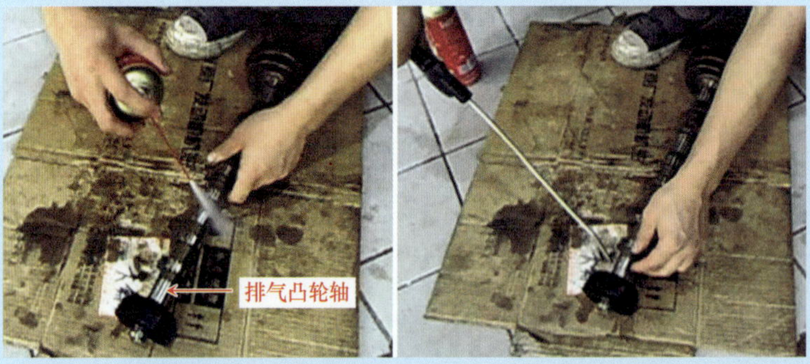

清洗排气凸轮轴及调节器

安装排气凸轮轴

(5) 在排气凸轮轴安装位置涂抹一层机油，然后将排气凸轮轴调节器对准进气凸轮轴调节器的正时标记，最后用轴承盖固定好排气凸轮轴即可。

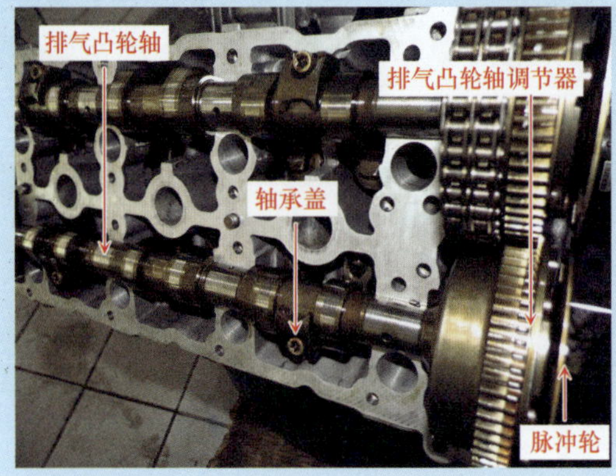

安装排气凸轮轴

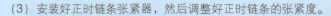

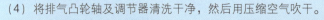

10. 调整正时系统

以奔驰 M272 发动机 V 形 6 缸发动机为例，它每列气缸均为双顶置凸轮轴，在 V 形夹角内侧的 2 根凸轮轴为进气凸轮轴，外侧的 2 根凸轮轴是排气凸轮轴，2 根进气凸轮轴通过正时链条由曲轴传动，转动方向为顺时针，2 根排气凸轮轴则被进气凸轮轴前端的齿轮驱动，旋转方向为逆时针。每个气缸具有 4 个气门，采用液压挺柱，每个凸轮轴的配气正时均连续可调。

（1）将气缸体翻转至垂直向下的位置。注意：当两人或多人共同维修作业时，请尽可能经常保持互相联系，确保安全工作。

（2）装上正时链条导轨，将曲轴上的半圆键对准气缸体上的正时标记，曲轴带轮上的缺口对准气缸体上的正时标记。

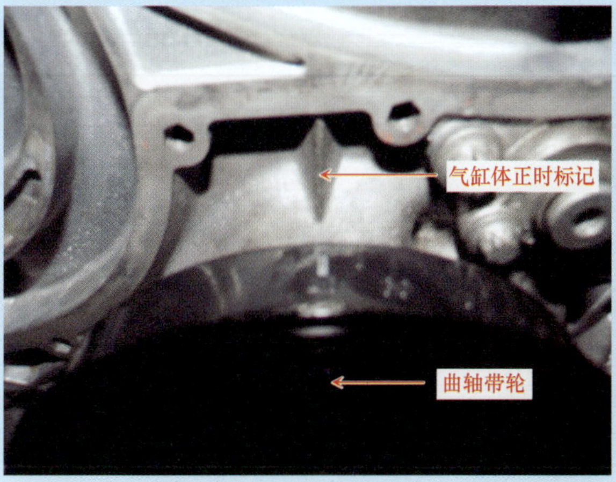

气缸体上的正时标记

（3）将平衡块上的小孔与缸体小孔对正，然后插上销针或等同工具，最后安装上正时链条。

将平衡块上的定位孔插上销针

找准正时标记

（4）装配正时箱盖及发动机气缸盖。

（5）装配凸轮轴调节器和脉冲轮。安装凸轮轴调节器时，要注意观察凸轮轴调节器上面的标记及以下标记。

1）首先检查进气凸轮轴调节器，左侧进气凸轮轴调节器上有标记 L，右侧进气凸轮轴调节器上有标记 R。

2）将左右两侧的进气凸轮轴调节器分别装在左右两侧的进气凸轮轴上，注意要先将正时链条挂在调节器上，然后再将进气凸轮轴调节器装到进气凸轮轴上，特别是两个进气凸轮轴调节器中后安装的那个进气凸轮轴调节器一定要先把正时链条挂在上面，否则因为正时链条长度有限而不能装上正时链条。

3）在装配所有凸轮轴调节器时，除了前面有正时标记要对正外，在调节器的后面，与凸轮轴之间也有标记要对正，最后将两个进气凸轮轴调节器装配好。

4）装配进气凸轮轴脉冲轮，对好正时标记后将中心阀安装到位，最后将进气凸轮轴轴承盖安装好。注意：每个凸轮轴前面各有一个脉冲轮，排气凸轮轴的代表符号是 A，进气凸轮轴的代表符号是 E，因此在四个脉冲轮上，左侧的标记为 AL、EL，右侧的标记为 AR、ER。

装配进气凸轮轴

5）装配排气凸轮轴调节器。在装配时，要与进气凸轮轴调节器对好正时标记。此外，在进气脉冲轮的边缘有一个圆点，排气脉冲轮上有两个圆点，在装配时进气凸轮轴上的一个圆点应位于排气脉冲轮的两个圆点中间。

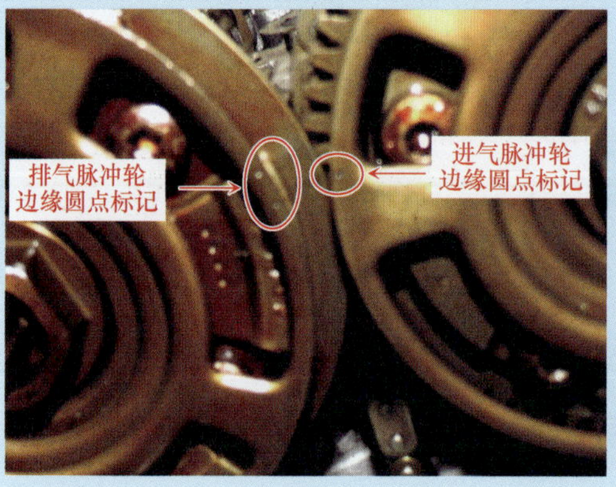

进气脉冲轮和排气脉冲轮圆点标记

（6）安装排气凸轮轴轴承盖，然后拔出排气凸轮轴正时齿轮销针，最后安装好凸轮轴正时盖等部件。

安装排气凸轮轴轴承盖

安装凸轮轴正时盖

11. 气门室盖的安装

（1）首先清洁干净气门室盖的接合面。

（2）在气门室盖与气缸盖上表面的接合面均匀地涂抹上密封胶。

在接合面均匀地涂抹上密封胶

（3）在凸轮轴轴径处添加机油润滑。

（4）装上气门室盖，然后按照规定的力矩拧紧。

（5）装复气缸盖附件及其他相关部件。

安装气门室盖

安装气门室盖

12. 冷却水泵的安装

（1）检查并清洗 O 形密封圈凹槽及发动机体的配合面。

（2）将新 O 形密封圈安装在冷却水泵上。

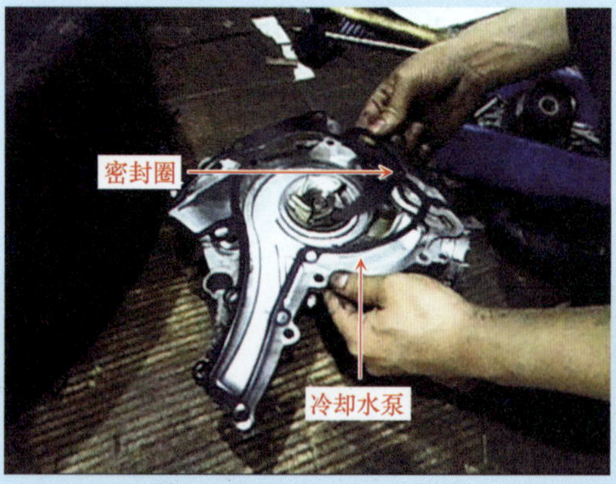

安装新O形密封圈

安装冷却水泵

（3）将冷却水泵安装在发动机体上，并用螺栓将其拧紧。

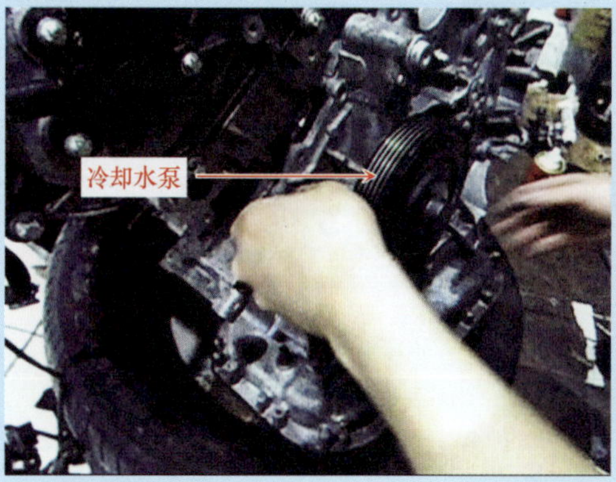

安装冷却水泵

13. 节温器的安装

（1）首先将节温器上面的脏污清理干净。

清理干净节温器的脏污

清理干净节温器的脏污

（2）将新橡胶密封件安装至节温器，然后将节温器安装至发动机体上，并用螺栓将其拧紧。

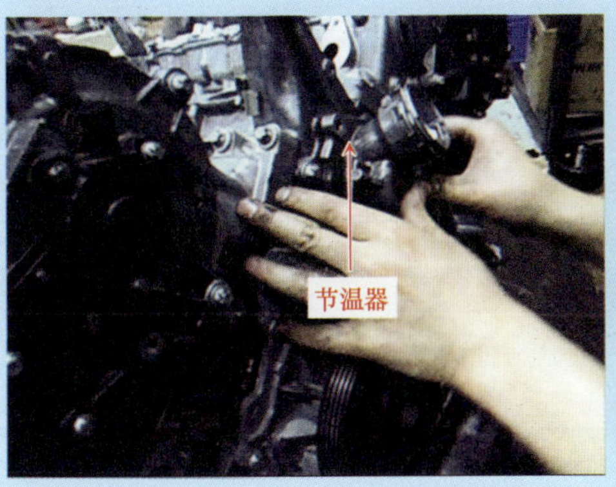

安装节温器

安装节温器

14. 更换油底壳垫

（1）首先安全地举升车辆，然后将发动机机油排放干净。

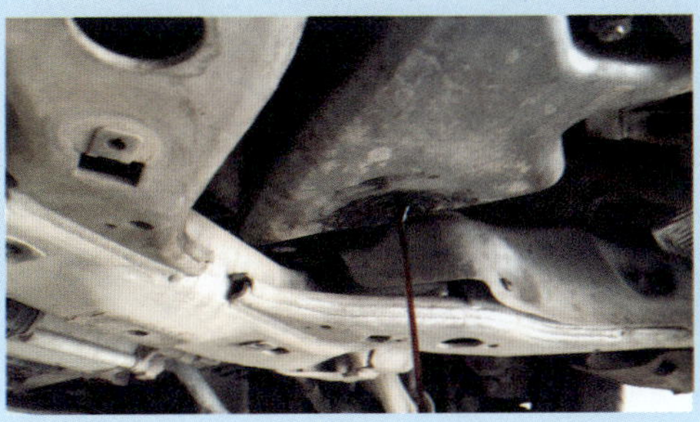

排放发动机机油

排放发动机机油

（2）将车辆降低，然后将吊耳安装在发动机上。

将吊耳安装在发动机上

吊住发动机

（3）将发动机支撑架固定在发动机舱上，然后用吊钩钩住吊耳，用力旋转吊钩螺母，直到吊钩吊住发动机不松弛即可。

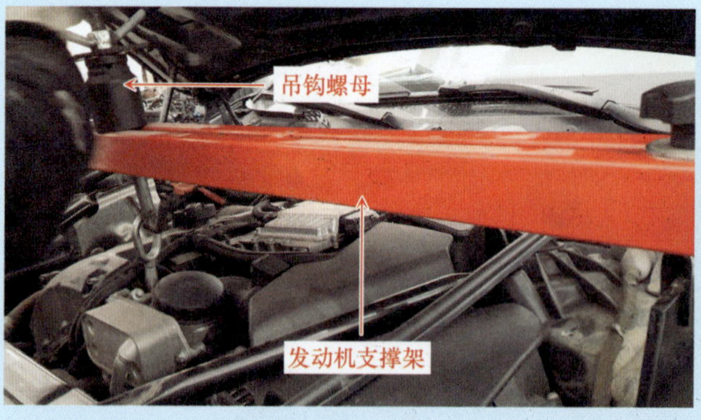

吊住发动机

卸下前副车架

（4）安全地举升车辆，小心地拆下前副车架，然后用支撑架将前副车架支撑住，目的是方便拆卸油底壳。

拆下前副车架

（5）依次用套筒拆下油底壳螺栓。

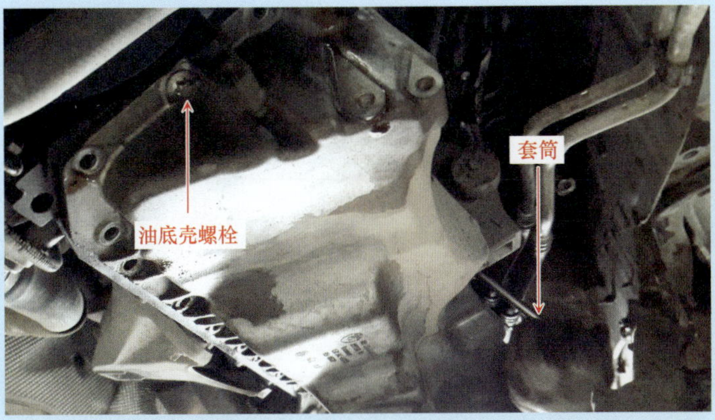

拆卸油底壳螺栓

拆卸油底壳螺栓

（6）将油底壳与发动机体分离，然后拆下油底壳。注意：拆下油底壳时小心不要将残余的发动机机油溅到地面。

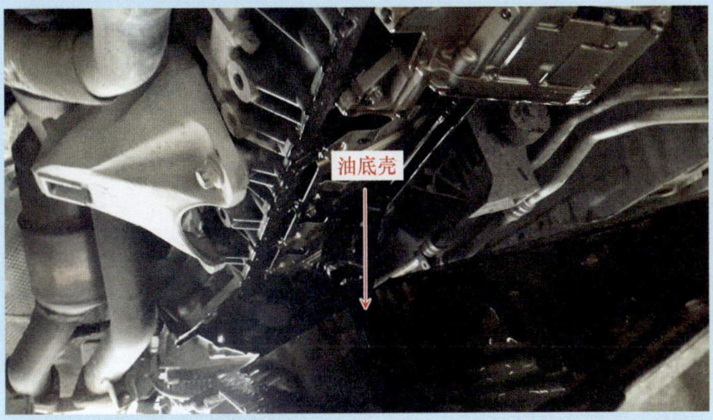

拆下油底壳

拆下油底壳

（7）从油底壳上拆下旧油底壳垫。

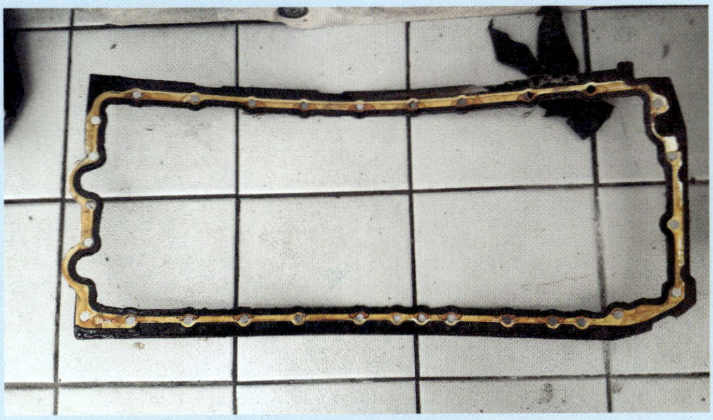
旧油底壳垫

清洁油底壳配合面

（8）用化油器清洗剂喷湿干净的抹布，然后将油底壳配合面和螺栓孔处的油液及脏污擦拭干净。

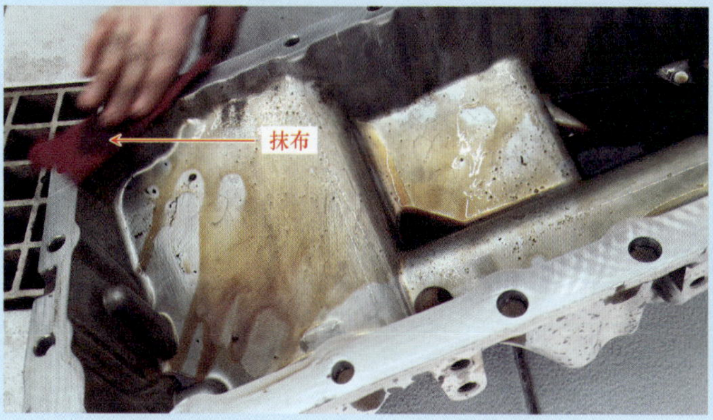

清洁油底壳配合面

清洁发动机体配合面

（9）用化油器清洗剂喷湿干净的抹布，然后清除发动机体配合面和螺栓孔处的油液及脏污。

清洁发动机体配合面

（10）在新油底壳垫的背面四个位置涂抹少量密封剂，目的是有利于将油底壳垫粘牢在油底壳上，便于安装油底壳。

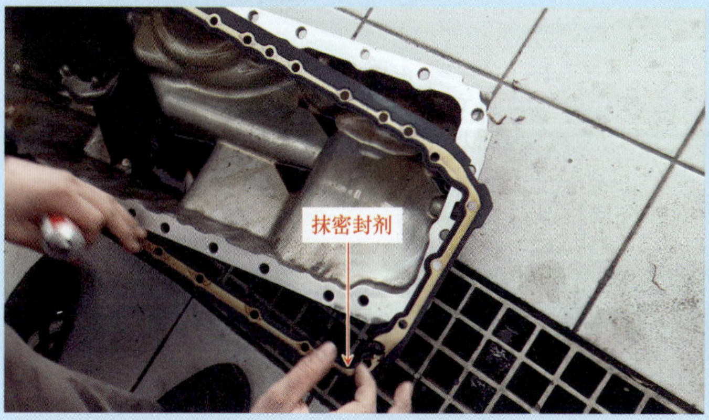

在新油底壳垫的背面涂抹少量密封剂

（11）将新油底壳垫正面放置，然后将其固定在油底壳上。

固定油底壳垫

安装油底壳垫

（12）装上油底壳，抬起油底壳时注意不要损坏其他零部件。

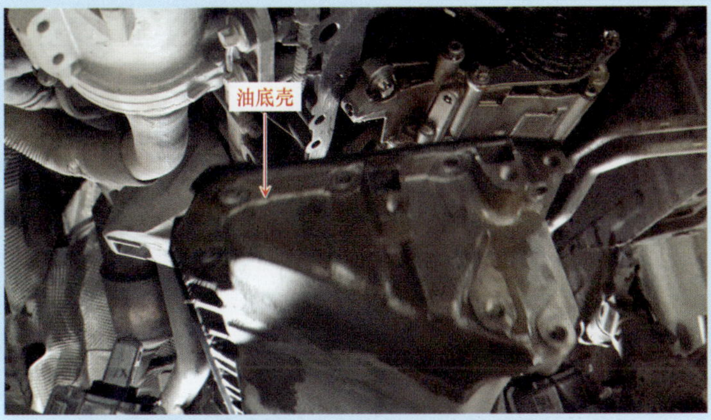

安装油底壳

安装油底壳

（13）依次拧上油底壳螺栓，最后分 2 至 3 步旋紧油底壳螺栓即可。

拧紧油底壳螺栓

拧紧油底壳螺栓

（14）按照相反的顺序安装好前副车架，然后重新加注发动机机油至规定量即可完成油底壳垫的更换。

安装好前副车架

15. 更换进气凸轮轴调节器

（1）以奔驰轿车的发动机为例，更换进气凸轮轴调节器之前首先应使用专用工具将发动机的凸轮轴固定，避免发动机正时位置错乱。

固定凸轮轴

（2）使用扭力扳手将进气凸轮轴调节器的螺栓拧松。注意：凸轮轴调节器的螺栓有正方向和反方向两种固定方式，要根据实际方向进行拆卸，避免将螺栓拧断。

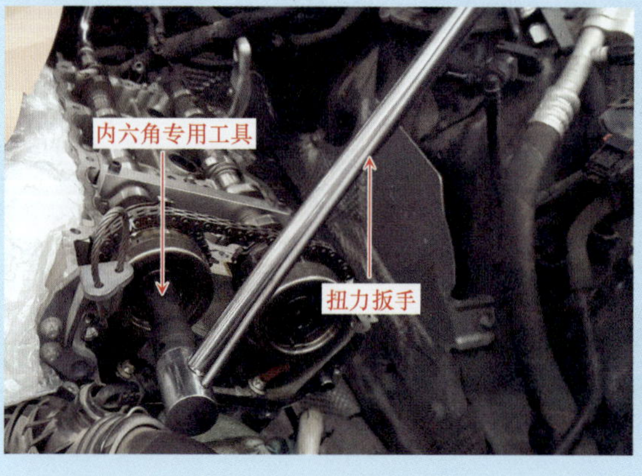

拧松进气凸轮轴调节器的螺栓

(3) 从进气凸轮轴调节器上小心地取出进气凸轮轴调节器螺栓。

取出进气凸轮轴调节器螺栓

(4) 拉起正时链条，然后小心地从进气凸轮轴上取下旧进气凸轮轴调节器。

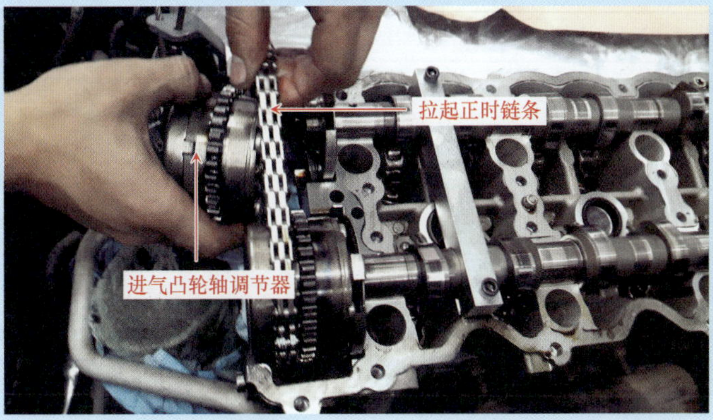

取下旧进气凸轮轴调节器

(5) 将新进气凸轮轴调节器与正时链条的正时标记对正，然后装上新进气凸轮轴调节器。安装时首先将正时链条挂在进气凸轮轴调节器上，然后再将进气凸轮轴调节器装到进气凸轮轴上。

安装新进气凸轮轴调节器

（6）按照相反的顺序拧紧进气凸轮轴调节器螺栓。

拧紧进气凸轮轴调节器螺栓

顺时针转动曲轴 360°

（7）顺时针转动曲轴 360°，确保进气凸轮轴调节器转动正常。

顺时针转动曲轴 360°

清理干净发动机体配合面脏污

（8）将发动机体配合面和螺栓孔处的油液及脏污清理干净。

清理干净发动机体配合面脏污

（9）将气门室盖配合面和螺栓孔处的油液及脏污清理干净。

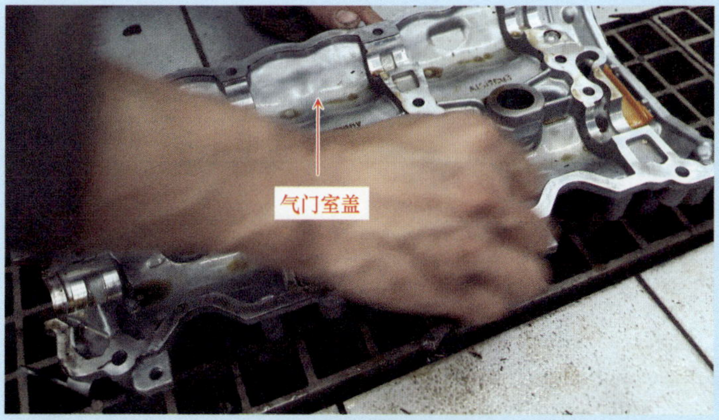

清理干净气门室盖

清理干净
气门室盖

（10）在气门室盖与气缸盖上表面的接合面均匀地涂抹上密封胶。

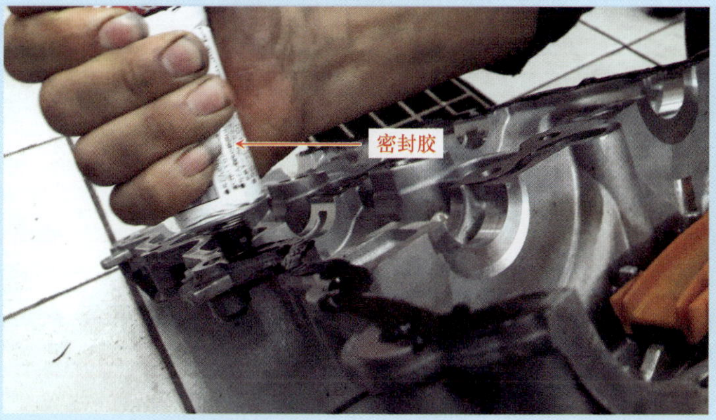

给气门室盖涂抹密封胶

给气门室盖
涂抹密封胶

（11）将凸轮轴固定专用工具拆下，然后将气门室盖安装好即可完成进气凸轮轴链轮安装作业。

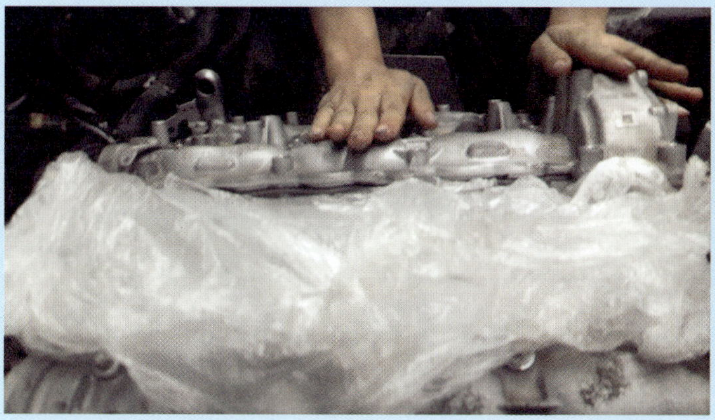

安装气门室盖

相关知识

以奔驰发动机为例，发动机可变气门正时系统采用进、排气凸轮轴调节电磁阀控制凸轮轴调节器调节凸轮轴相位。当凸轮轴调节电磁阀被触发时，控制柱塞与凸轮轴调节器接触，在机油压力的作用下，对凸轮轴的提前角度和延迟角度进行调节；当凸轮轴调节电磁阀不被触发时，凸轮轴调节器锁止销将其锁止在基本位置，以防止凸轮轴调节器在起动发动机时或部分负荷不需要调节时参与工作。进气凸轮轴最大可调节至“提前”50°曲轴转角，而排气凸轮最大可调节至“延迟”40°曲轴转角。凸轮轴调节器损坏主要出现凸轮轴调节器异响或调整正时位置不对。

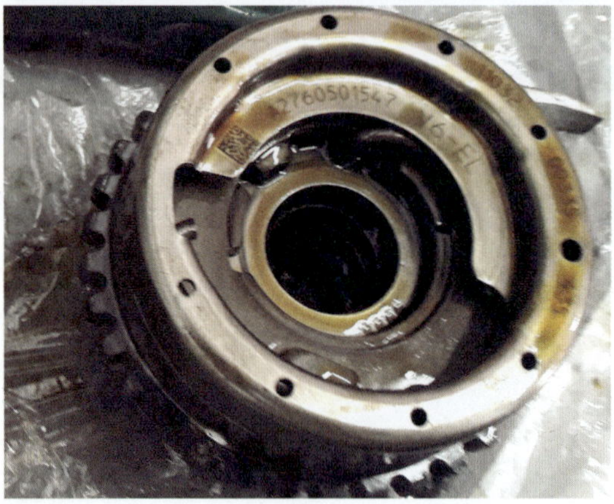

凸轮轴调节器

如凸轮轴调节器异响，可以利用听诊器寻找异响部位；凸轮轴调整正时位置不对，可以利用故障诊断仪测试凸轮轴调节器实际值与标准值进行分析，从而确定凸轮轴调节器是否出现故障。

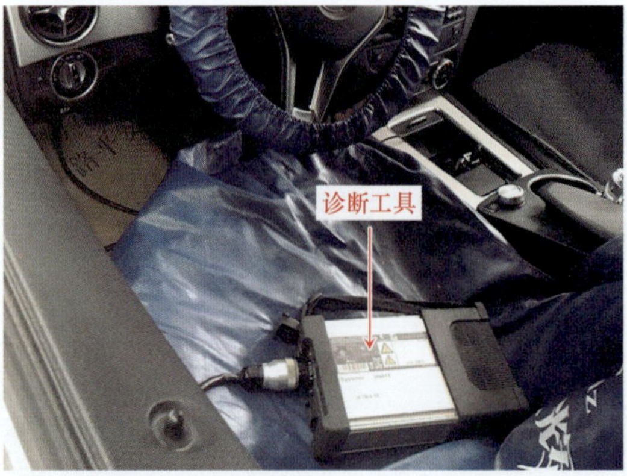

故障诊断仪测试

16. 更换气门室盖垫

（1）首先从气门室盖上拆掉旧气门室盖垫，然后将气门室盖的凹槽清理干净。

清理干净气门室盖的凹槽

清理干净气门室盖的凹槽

（2）将新气门室盖垫安装到气门室盖的凹槽内。

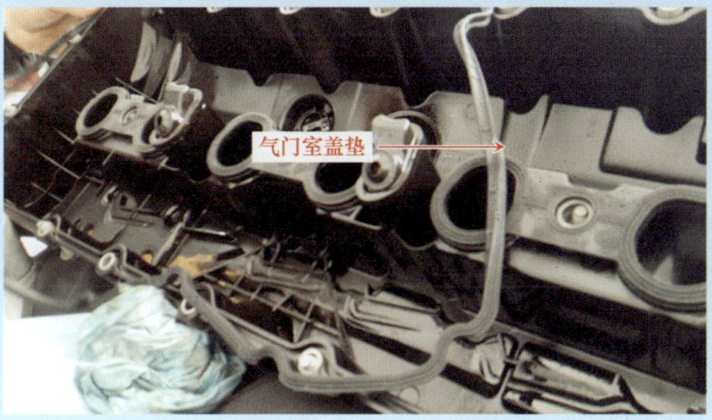

安装新气门室盖垫

安装新气门室盖垫

（3）将发动机气缸盖配合面和螺栓孔处的油液及脏污清理干净。

清理干净发动机气缸盖配合面

清理干净发动机气缸盖配合面

安装气门室盖

（4）安装上气门室盖，同时确保气门室盖的螺栓对正发动机气缸盖的螺栓孔。

安装气门室盖

拧紧气门室盖螺栓

（5）依次拧紧气门室盖上的螺栓，最后按照对角顺序拧牢固即可。

拧紧气门室盖螺栓

第 3 章　发动机电气系统检修

17. 更换交流发电机轴承

（1）首先使用一字螺钉旋具或等同的工具在发电机壳体上画上对正标记（也称为安装标记），目的是便于装复发电机前端盖、后壳体。

画对正标记

（2）拆下发电机前端盖与后壳体的 3 个固定螺栓。

拆卸发电机壳体固定螺栓

（3）用锤子敲击发电机后壳体，然后将发电机后壳体分离。

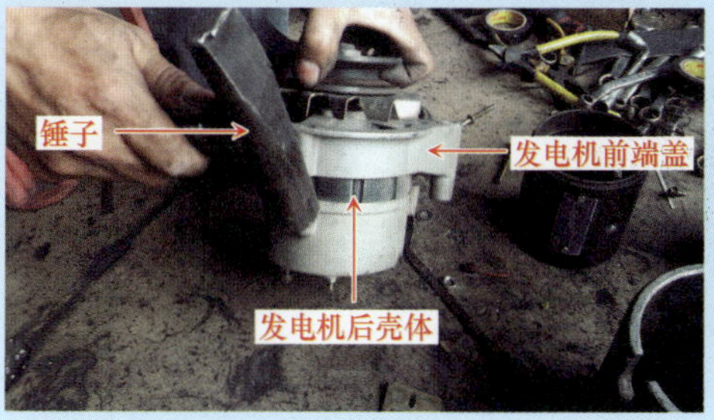

分离发电机后壳体

分离发电机后壳体

（4）用气动工具拆卸带轮锁紧螺母，然后取下弹簧垫圈。

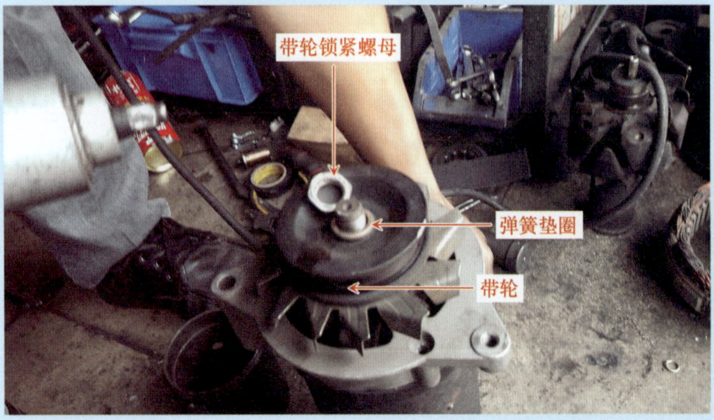

拆卸带轮锁紧螺母

（5）分别取下带轮、风扇等部件。

取下带轮

（6）使用除锈剂润滑定位销，目的是便于拆卸定位销。

润滑定位销

（7）用钳子拔下定位销，然后取出轴承套。

拔下定位销

（8）拧上带轮锁紧螺母，目的是防止冲击转子轴时损坏螺纹。

拧上带轮锁紧螺母

（9）用冲子冲击转子轴，便于拆出转子轴。

冲击转子轴

拆解发电机前壳体

拆出转子轴

（10）重新拧出带轮锁紧螺母，然后将转子轴和前端盖分开。

重新拧出带轮锁紧螺母

拆卸后轴承

（11）使用拉拔器将后轴承从转子轴拆下。

拆卸后轴承

（12）拆下前轴承固定板。

拆卸前轴承固定板

（13）使用冲子和锤子将前轴承冲出。

冲出前轴承

拆卸前轴承

（14）使用锤子与轴承拆装垫块，将新前轴承装入前端盖。

装入新前轴承

（15）装好前轴承固定板，然后拧紧前轴承固定板螺栓。

安装前轴承固定板

安装前轴承

用砂纸打磨
转子轴

（16）用砂纸将集电环及轴承转动位置打磨光滑。

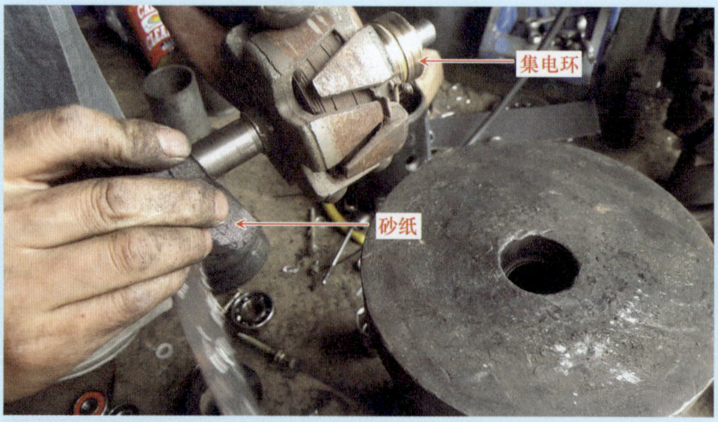

用砂纸打磨轴承转动位置

（17）使用冲子或等同的工具将后轴承压入转子轴。

后轴承压入转子轴

（18）将前端盖装入转子轴。

前端盖装入转子轴

（19）小心地装入轴承套，轴承套的端口与转子轴端口对位。

装入轴承套

（20）将定位销安装到位，然后用撬棍冲击定位销使其安装牢固。

安装定位销

（21）小心地装入风扇，安装时风扇的缺口要与定位销对正。

装入风扇

安装转子轴

（22）装入带轮，然后放入一个合适的套筒，再用锤子敲击使带轮压入转子轴内。

装入带轮

（23）首先装入弹簧垫圈，然后拧上带轮锁紧螺母。

拧上带轮锁紧螺母

（24）用气动工具将带轮锁紧螺母锁紧。

锁紧带轮锁紧螺母

安装带轮

（25）将发电机后壳体装入前端盖内，安装时要对准安装标记。

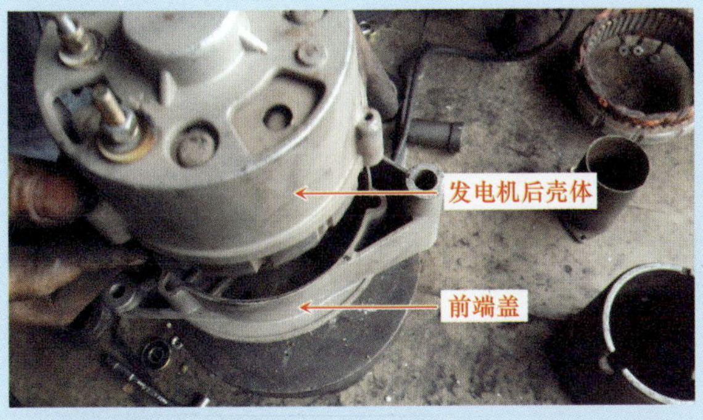

装入发电机后壳体总成

（26）将前端盖与发电机后壳体的 3 个固定螺栓拧紧，然后用手转动带轮，以确认转子旋转顺畅，无噪声即可。

拧紧发电机后壳体的固定螺栓

安装发电机后壳体

相关知识

1. 检查发电机转子

（1）集电环表面应平整光滑，无明显烧损的情况，如果集电环表面粗糙，应使用细砂纸打磨集电环。

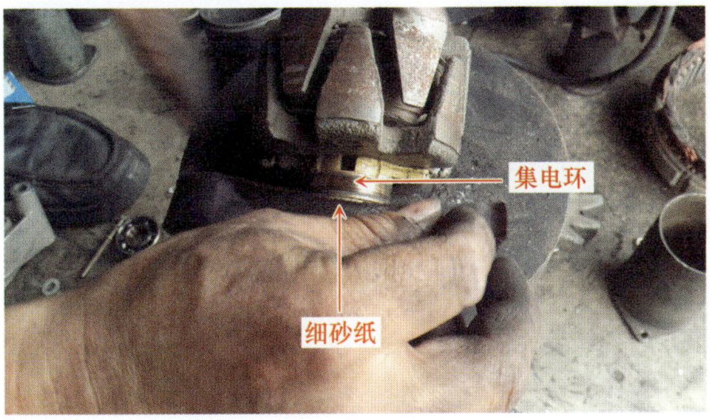

打磨集电环

(2) 使用万用表测量集电环之间的电阻，集电环之间电阻应为6Ω左右。若为0Ω说明集电环短路，应更换转子；若为“∞”说明集电环断路，应更换转子。此外，测量任意集电环与铁心（或转子轴）之间电阻，应为“∞”。如果测量结果不符合要求，应更换转子。

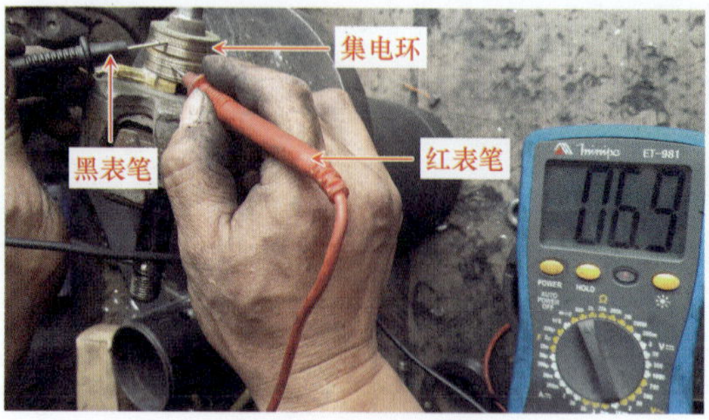

测量集电环之间的电阻

2. 检查定子线圈

检查定子线圈时，首先将万用表置于电阻档，然后分别测量三相定子线圈每两端之间的电阻值，应基本相等，否则表明定子线圈内部有断路或短路故障，应更换定子线圈。此外，用万用表测量任意一个接线端与外壳之间的电阻值应为“∞”，否则说明定子线圈有搭铁故障，应更换定子线圈或重新绕制定子线圈。

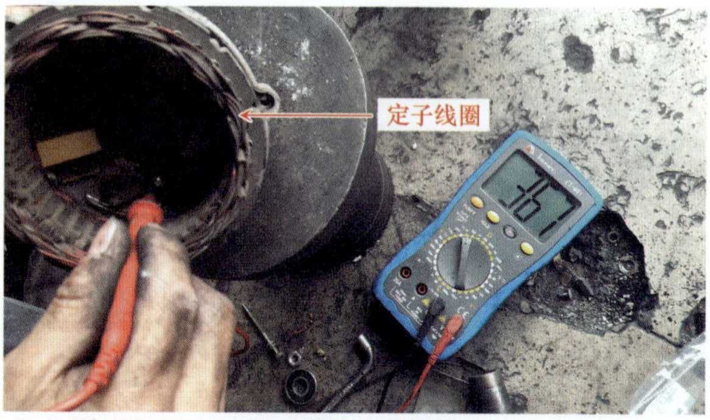

检查定子线圈

18. 更换交流发电机电刷

(1) 首先找到交流发电机电刷的位置，然后拆下电刷进行检查，如果任何一个电刷长度小于维修极限，则更换电刷架总成或电刷。

拆出旧电刷

（2）小心地装入一个新的电刷，然后压缩电刷弹簧，使其完全接触集电环。

装入一个新的电刷

（3）用螺钉将该新的电刷固定。

固定电刷

安装新电刷

（4）装入另一个新的电刷，然后压缩电刷弹簧，使其完全接触集电环。

装入另一个新的电刷

安装另一个新电刷

（5）用螺钉将该新的电刷固定。

固定电刷

安装电刷盖子

（6）盖上电刷盖子，然后用螺钉固定电刷盖子。

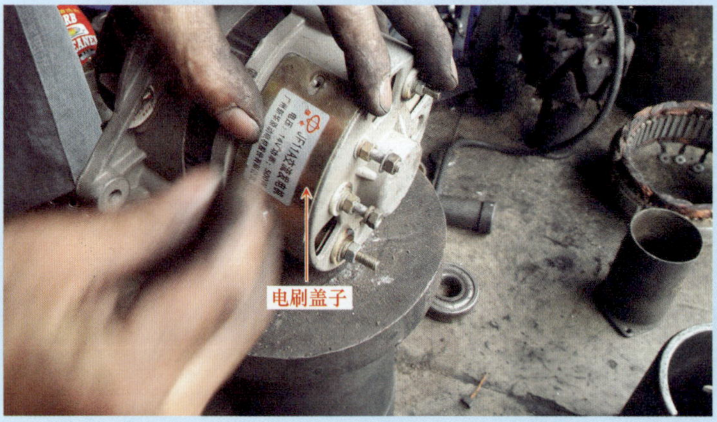

安装电刷盖子

（7）在发电机空载试验台上对发电机进行发电测试。当发电机的发电量为 13.5～14.5V 之间为正常，否则应重新检修发电机。

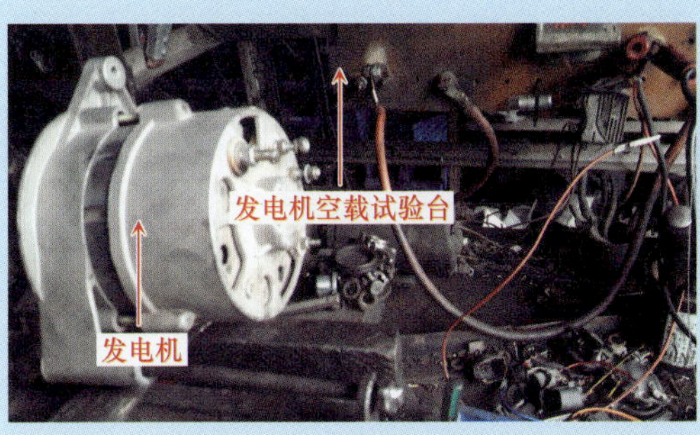

发电机空载测试

发电机空载测试

相关知识

拆出发电机电刷，然后检查电刷是否出现严重磨损或出现表面磨损不均的现象，如果存在异常必须更换。此外，也可以使用直尺测量两个电刷的长度，最小值为 2.0 mm 左右，如果任何一个电刷的磨损超过限制，应更换所有电刷或电刷架总成。

检查电刷

19. 更换起动机铜套

（1）从电磁开关处拆出“C”接线柱的引线。

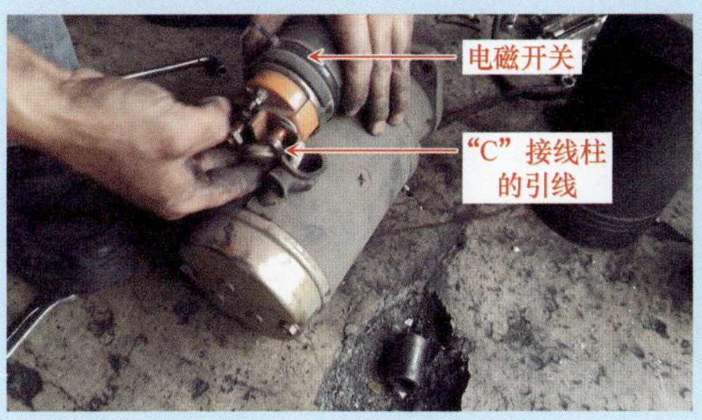

拆出C接线柱引线

拆卸电磁开关

(2) 将电磁开关固定在驱动机构外壳上的3个螺栓拆开。

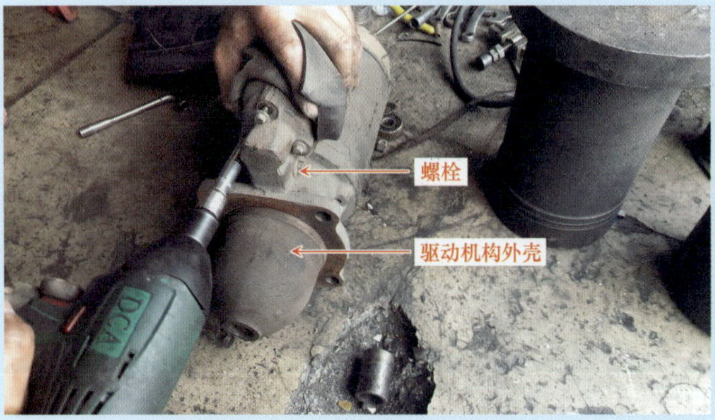

拆卸电磁开关固定螺栓

(3) 将电磁开关从驱动机构外壳上取下。

拆下电磁开关

(4) 使用扳手从后轴承盖上拧出起动机上的两个贯穿螺栓。

拧出两个贯穿螺栓

（5）从直流电动机总成上拆卸后轴承盖。

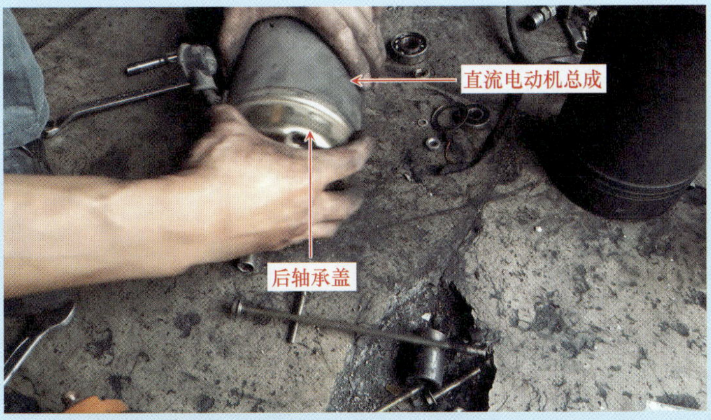

拆卸后轴承盖

（6）将直流电动机壳体、电枢以及驱动机构拆解开，然后将拆开的零部件按顺序摆放好。

拆解直流电动机总成

拆解直流电动机总成

（7）使用冲子和锤子将驱动机构外壳上的铜套冲出。

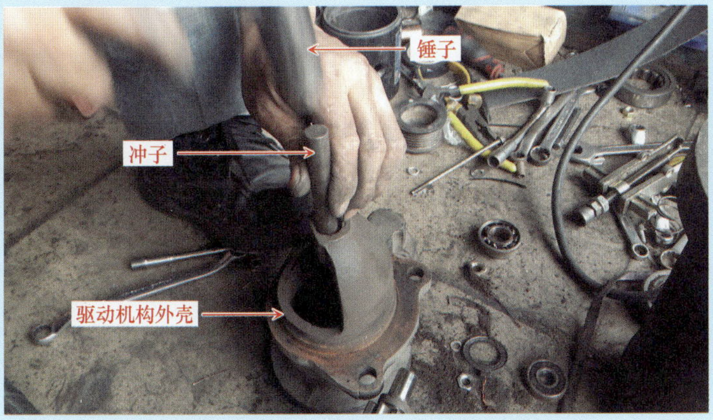

冲出驱动机构外壳上的铜套

(8) 用拉拔器将电枢轴上的锁环拉出。

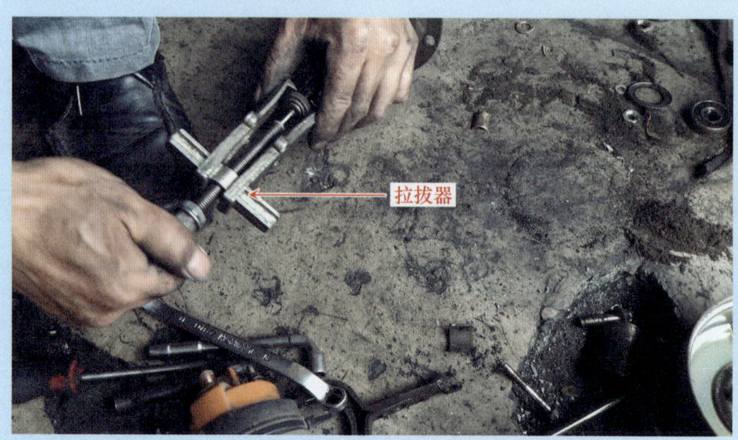

拉出锁环

(9) 将单向离合器和锁止板从电枢轴上取下。

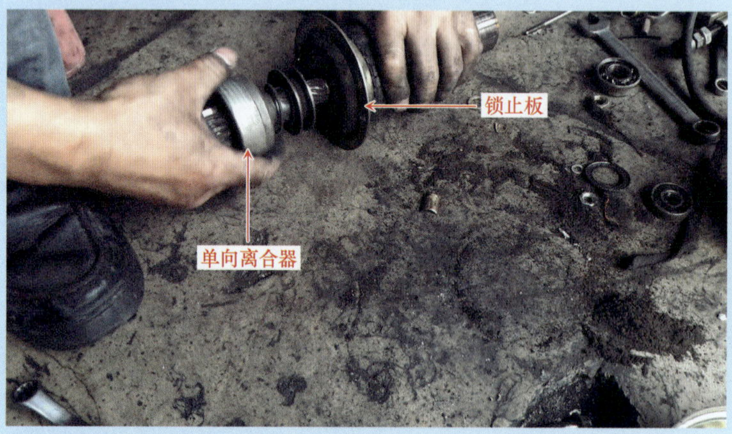

拆卸单向离合器

(10) 使用冲子和锤子将锁止板上的铜套冲出。

冲出锁止板上的铜套

拆卸锁止板铜套

（11）准备好起动机的新铜套。

新铜套

（12）将新铜套装入驱动机构外壳。

将新铜套装入驱动机构外壳

（13）将新铜套装入锁止板内。

将新铜套装入锁止板

将新铜套装入锁止板

（14）在电枢轴上锁止板的滑动位置涂抹上润滑脂。

涂抹上润滑脂

（15）在电枢轴上装入锁止板。

装入锁止板

（16）在电枢轴上装入单向离合器。安装单向离合器之前，如果发现驱动齿轮磨损或损坏，则需更换单向离合器总成，因为驱动齿轮不能从单向离合器上拆开。

装入单向离合器

（17）在电枢轴上装入锁环，然后用钳子将锁环夹紧。注意：装好单向离合器后沿着齿轮轴滑动单向离合器，如果滑动不顺畅，则更换单向离合器；此外，固定住驱动齿轮，沿着齿轮轴滑动单向离合器，确保单向离合器转动自如，并确定单向离合器是否从相反方向锁住，如果两个方向均不能锁定或者两个方向均能锁定，则需要更换单向离合器。

安装单向离合器

安装锁环

（18）在驱动机构外壳新铜套内涂抹上润滑脂。

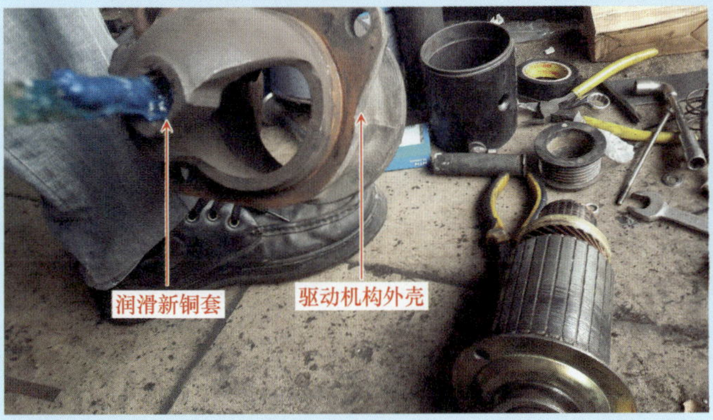

新铜套内涂抹上润滑脂

（19）在拨叉内涂抹上润滑脂。

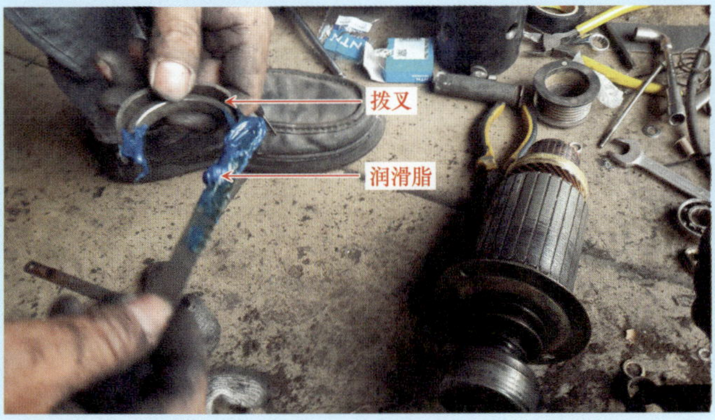

拨叉内涂抹上润滑脂

电枢装入驱动机构外壳

（20）在单向离合器内装上拨叉，然后将电枢一起装入驱动机构外壳。

电枢装入驱动机构外壳

用细砂纸打磨换向器

（21）检查电枢是否因与永久磁铁接触而磨损或损坏。如果发现已磨损或已损坏，则更换电枢。检查换向器表面，如果表面脏污或烧损，则需使用细砂纸将换向器打磨光滑。

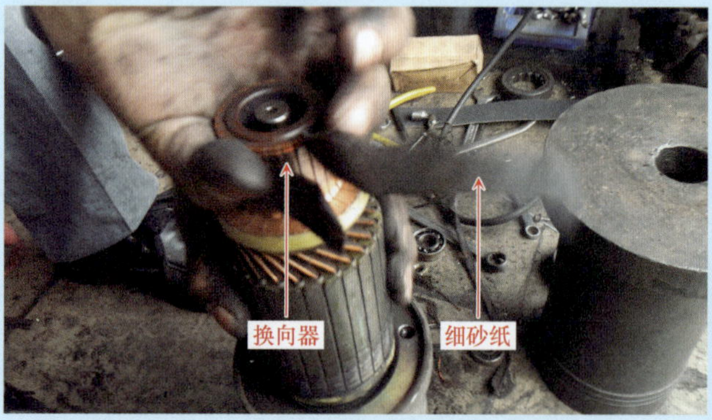

用细砂纸打磨换向器

（22）使用钳子拉起各个电刷弹簧，然后将电刷置于电刷架一半处，释放弹簧并将电刷固定在电刷架内。

注意：安装电刷架之前应使用万用表测量正极（+）电刷架与负极（-）电刷架之间是否导通。如果导通，则应更换电刷架总成。

电刷压入电刷架中

（23）将直流电动机壳体装入电枢内，安装时确保安装位置对正。

装入直流电动机壳体

（24）用钳子拉起各个电刷弹簧并下推电刷，使电刷与换向器吻合，然后松开电刷弹簧使之压住电刷末端。

释放电刷弹簧的弹力

安装直流电动机壳体

（25）装入后轴承盖，然后拧紧 2 个贯穿螺栓。

拧紧 2 个贯穿螺栓

安装后轴承盖

安装电磁开关

（26）安装好电磁开关，然后将电磁开关用螺栓固定在驱动机构外壳上。

安装电磁开关

拧紧“C”接线柱引线的螺母

（27）装入“C”接线柱的引线，然后将固定螺母拧紧，再套上绝缘套即可。

拧紧C接线柱引线的螺母

起动机空载测试

（28）在空载试验台上对起动机进行起动测试。用跨接线将蓄电池正极与端子“C”相连，负极与起动机壳体相连，此时起动机驱动齿轮应高速旋转而且无明显噪声，否则应重新检修起动机。

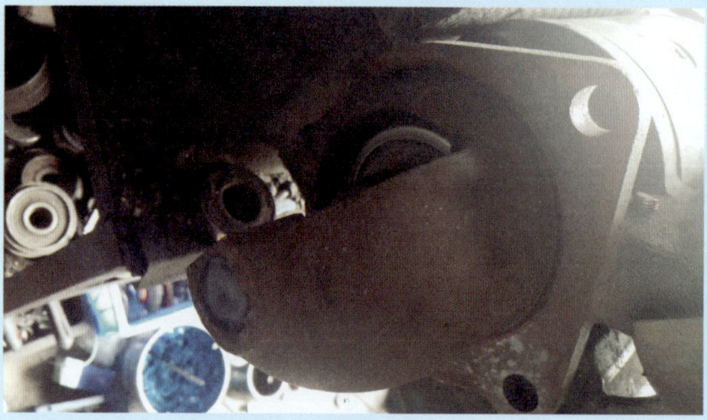

起动机空载测试

相关知识

起动机是起动系统的主要部件，它的作用就是将蓄电池的电能转换为机械能，再通过传动机构将转矩传递给发动机使发动机顺利起动。

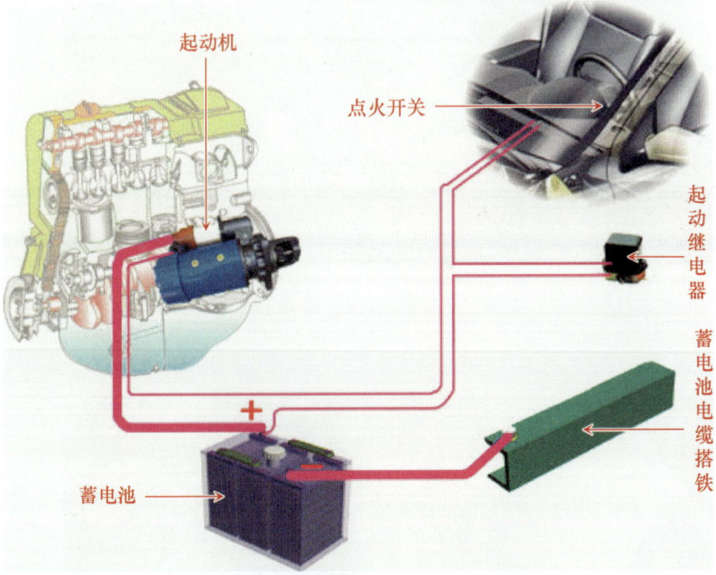

起动系统

20. 更换偏心轴传感器

（1）首先拆卸气门室盖的点火线圈线束、点火线圈、气门行程控制伺服电动机等部件，然后拆下气门室盖。

拆卸气门室盖

（2）小心地拆卸偏心轴传感器的 3 颗紧固螺栓，然后取下偏心轴传感器。

拆卸偏心轴传感器

安装偏心轴传感器

（3）装入新的偏心轴传感器，然后将偏心轴传感器的 3 颗紧固螺栓拧紧即可。

安装偏心轴传感器

（4）重新安装好气门室盖、气门行程控制伺服电动机、点火线圈、点火线圈线束，然后将偏心轴传感器插接器插上，最后使用故障诊断仪清除发动机故障码即可。

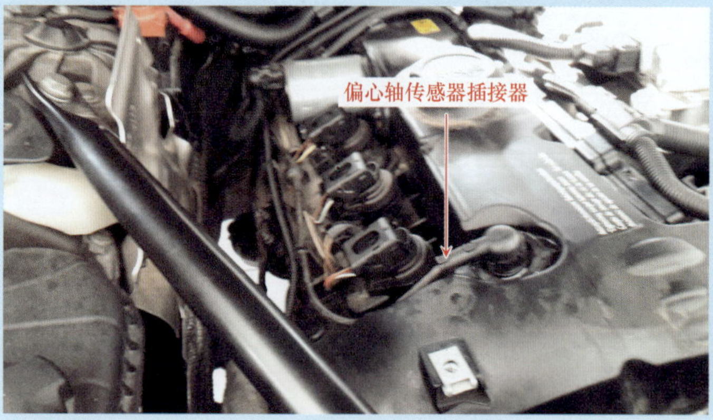

插上偏心轴传感器插接器

相关知识

宝马采用偏心轴传感器测量偏心轴转角，从而为调节发动机正时提供实际参数。偏心轴传感器将偏心轴位置发送给气门行程控制单元或DME（发动机控制单元），其测量角度范围为180°。

偏心轴传感器按磁阻效应原理工作，当附近磁场更改位置时，铁磁导体就会改变自身的电阻。为此偏心轴上装有一个带有永久磁铁的磁轮，偏心轴旋转时，这些磁铁的磁力线就会穿过传感器内的导磁材料，由此产生的电阻变化通过发动机控制单元换算为气门行程。

注意：必须用一个非磁性固定螺栓将磁轮固定在偏心轴上，否则偏心轴传感器无法正常工作。

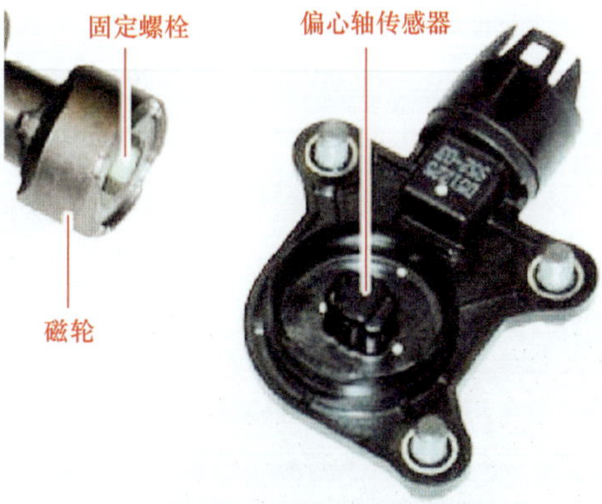

偏心轴传感器和偏心轴上的磁轮

21. 全可变气门行程控制伺服电动机安装

（1）首先在气门室盖上安装好全可变气门行程控制伺服电动机的密封垫。

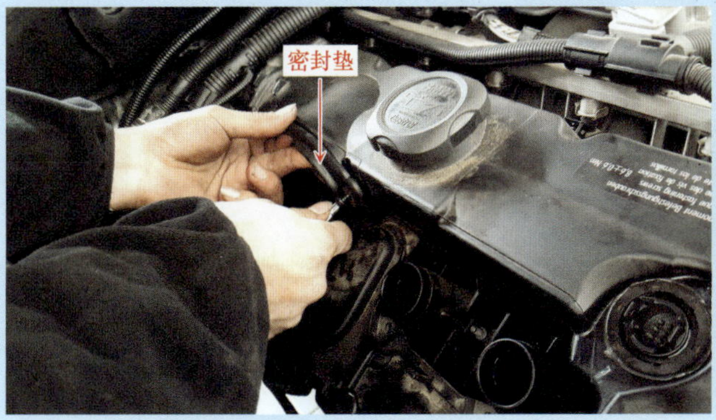

安装全可变气门行程控制伺服电动机的密封垫

安装伺服电动机的密封垫

（2）将全可变气门行程控制伺服电动机的螺杆清洁干净，然后将全可变气门行程控制伺服电动机的螺杆嵌入偏心轴上的蜗轮内。

伺服电动机嵌入蜗轮内

（3）用螺栓拧紧全可变气门行程控制伺服电动机。

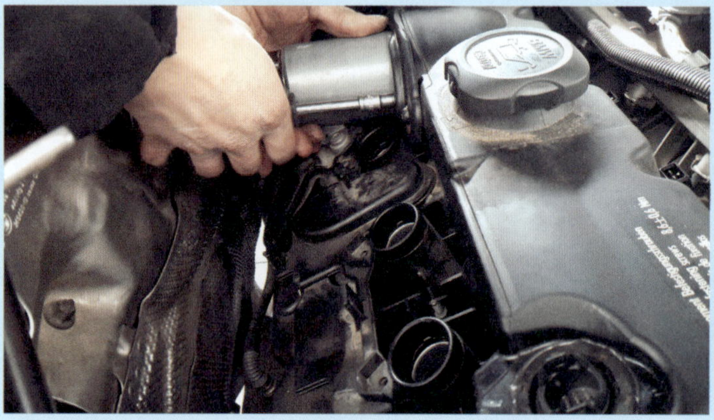

拧紧伺服电动机螺栓

（4）插上全可变气门行程控制伺服电动机插接器。

插上伺服电动机插接器

安装伺服电动机

（5）使用故障诊断仪调校全可变气门行程控制伺服电动机的位置行程即可。

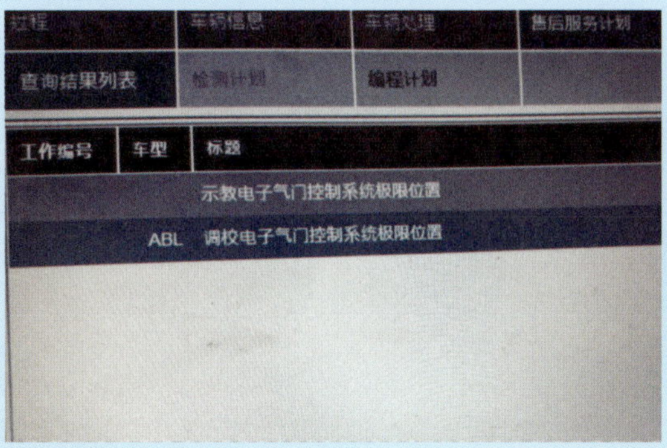

调校伺服电动机行程

相关知识

全可变气门行程控制系统由一个伺服电动机、一个偏心轴、一个中间推杆、回位弹簧、进气（排气）凸轮轴和滚摇臂等构成。

（1）伺服电动机布置在凸轮轴上方，伺服电动机用于调节偏心轴。伺服电动机的蜗杆嵌入安装在偏心轴上的蜗轮内。进行调节后无需特别锁止偏心轴，因为蜗杆传动机构具有足够的自锁能力。

（2）偏心轴扭转可使固定架上的中间推杆朝进气凸轮轴方向移动。但中间推杆也靠在进气凸轮轴上，因此滚子式气门压杆相对中间推杆的位置会发生变化。中间推杆的斜台朝排气凸轮轴方向移动。

（3）凸轮轴旋转和凸轮向中间推杆移动使中间推杆上的斜台发挥作用。斜台推动滚子式气门压杆，从而使进气门继续向下移动，进气门因此继续开启。

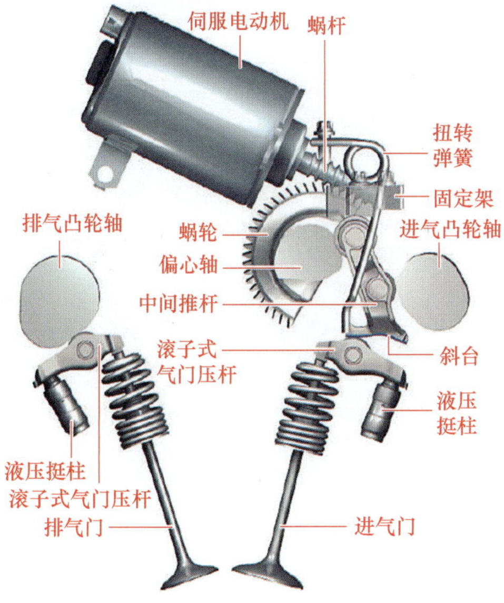

全可变气门行程控制系统结构

(4) 中间推杆改变凸轮轴与滚子式气门压杆之间的传动比。在满负荷位置时，气门行程和持续开启时间达到最大值；在怠速位置时，气门行程和持续开启时间达到最小值。

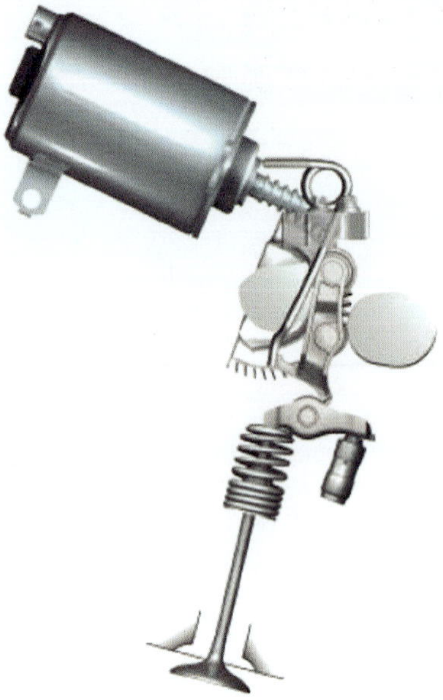
气门行程最大值

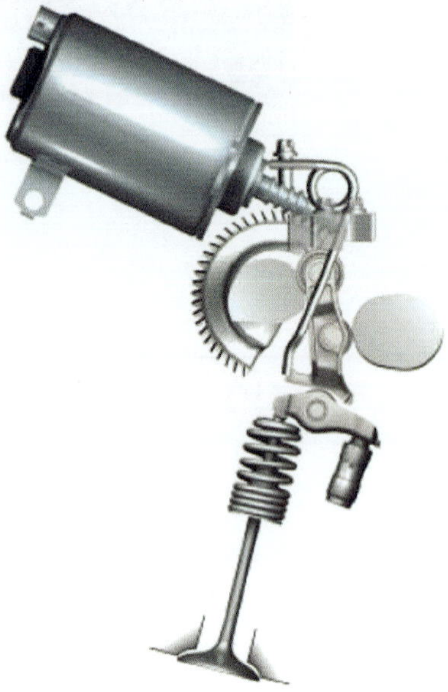
气门行程最小值

22. 喷油器的免拆清洗

拆卸进油管

(1) 首先对燃油系统进行泄压操作，然后将进油管从喷油器分配管接口上拆下。

拆卸进油管

（2）选择合适接头将喷油器分配管接口与发动机免拆清洗机的出液管连接好。

连接出液管

安装接头

（3）首先确保发动机免拆清洗机出液管的阀门是关闭的，然后用一根回油管将从燃油泵来的进油管连接好。

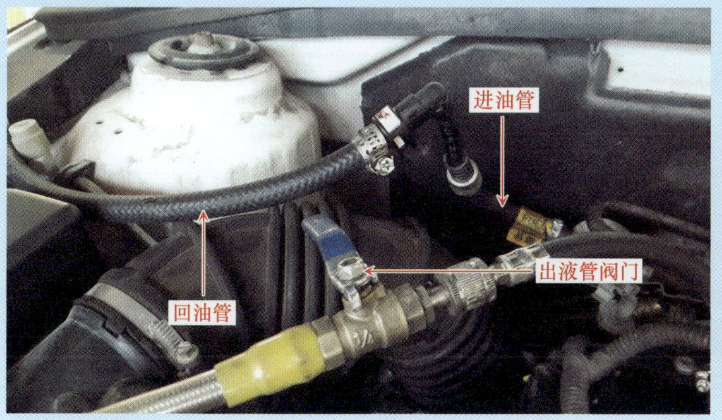

连接好回油管

（4）打开燃油箱盖，然后将回油管的另一端插入燃油箱加注口内，目的是起动发动机时，燃油泵的燃油能够回流至燃油箱内。

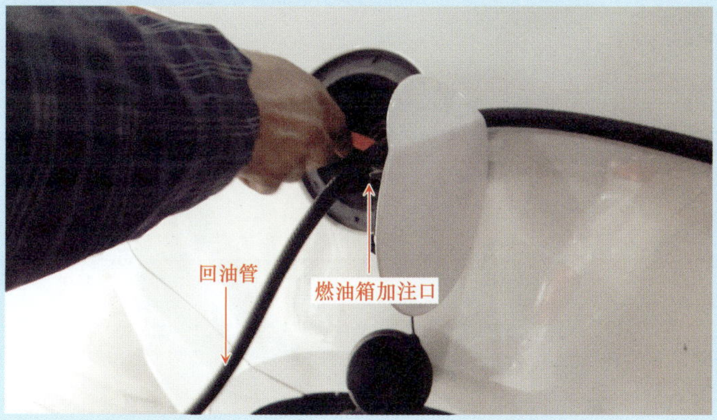

放置回油管

安装回油管

加入喷油器清洗剂

（5）首先打开发动机免拆清洗机加注口盖，然后将喷油器清洗剂加入至发动机免拆清洗机内，加注完毕后将加注口盖拧紧。

加入喷油器清洗剂

（6）将压缩空气管接到发动机免拆清洗机的接气管接口。

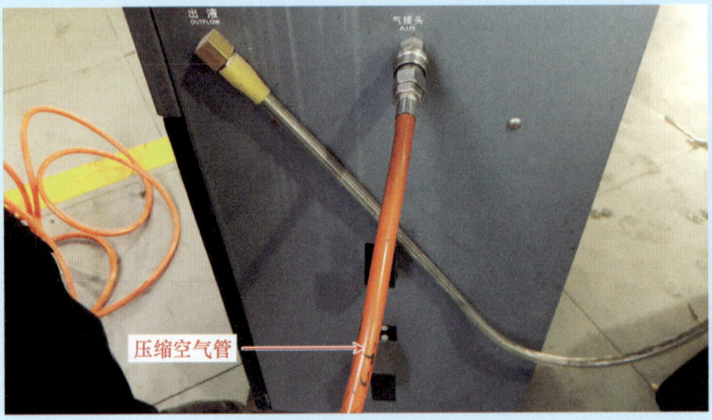

连接压缩空气管

（7）打开发动机免拆清洗机出液管的阀门。

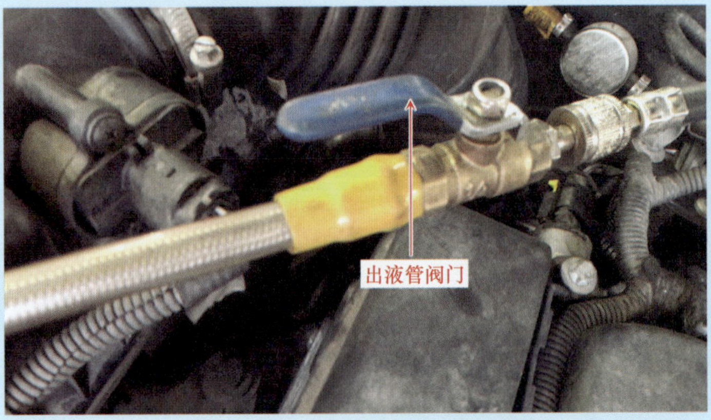

打开出液管的阀门

(8) 打开发动机免拆清洗机的旋钮，然后检查发动机免拆清洗机的空气压力，如果压力正常则不需要进行调整，如果压力不正常则将通过调压阀“+”(增大)或“-”(减小)来调整空气压力。起动发动机，将转速保持在1500r/min左右，并可急加速几次，清洗完喷油器后发动机自动熄火。

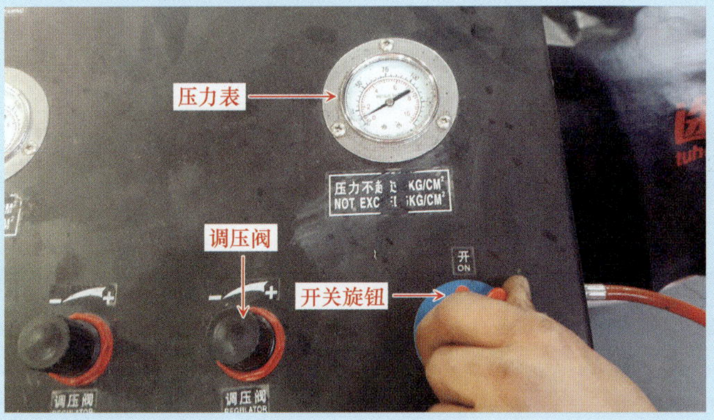

打开发动机免拆清洗机的开关

(9) 清洗完毕断开气源，然后关闭出液管阀门，并卸掉发动机免拆清洗机出液管。

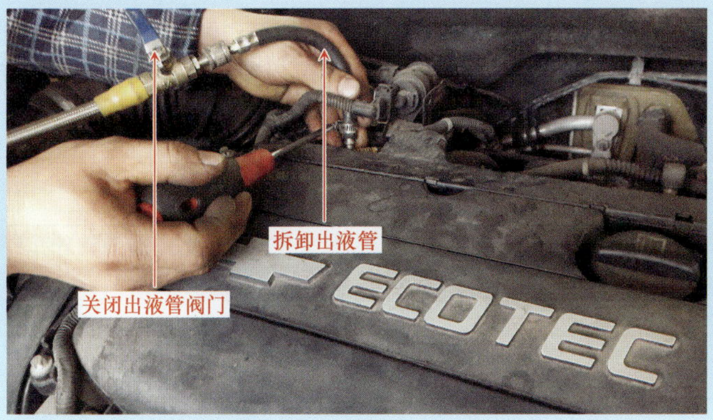

卸掉发动机免拆清洗机出液管

(10) 从进油管上拆卸回油管。

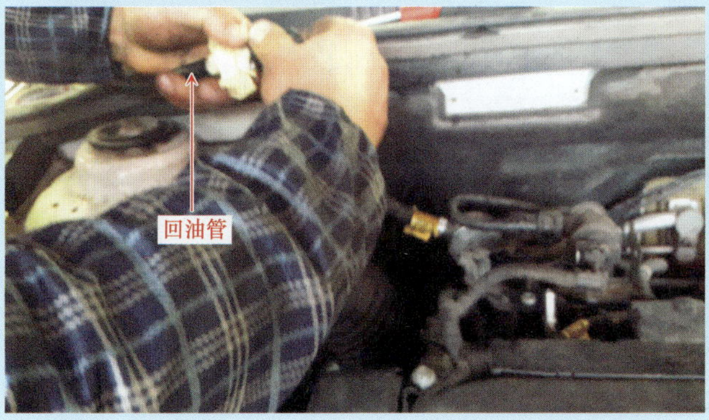

拆卸回油管

清洗喷油器

重新装回燃油进油管

（11）重新装回燃油进油管，安装时确保油管卡子安装到位。

重新装回燃油进油管

相关知识

1. 喷油器免拆清洗剂知识

喷油器免拆清洗剂可有效清除喷油器残胶或阻塞，改善喷油器雾化效果，减少燃油消耗，提高燃油效率，降低废气排放量，恢复发动机动力。喷油器免拆清洗剂适用于汽油电喷汽车，而且需要配合发动机免拆清洗机使用，一般建议每 2 万 km 清洗一次。

2. 三元催化保养剂知识

三元催化保养剂可有效减少未燃烧混合气进入三元催化器，可以延长三元催化器的使用寿命，降低废气排放量，恢复发动机动力。三元催化保养剂适用于汽油电喷汽车，而且需要配合发动机免拆清洗机使用，一般根据需要进行清洗。

喷油器免拆清洗剂

三元催化保养剂

3. 三元催化器的免拆清洗

三元催化器的免拆清洗操作方法与前面喷油器的免拆清洗操作方法基本一致，不同点就是清洗喷油器时加入的是喷油器免拆清洗剂，而清洗三元催化器时加入的是三元催化保养剂。

三元催化器的免拆清洗

第 4 章　汽车底盘检修

23. 简单更换自动变速器油

（1）拧下放油螺塞，排放干净自动变速器油，然后擦净放油螺塞并牢固地拧回油底壳。

排放自动变速器油

（2）为了便于加注自动变速器油，将自动变速器油倒入加注器中，利用加注器加注自动变速器油。

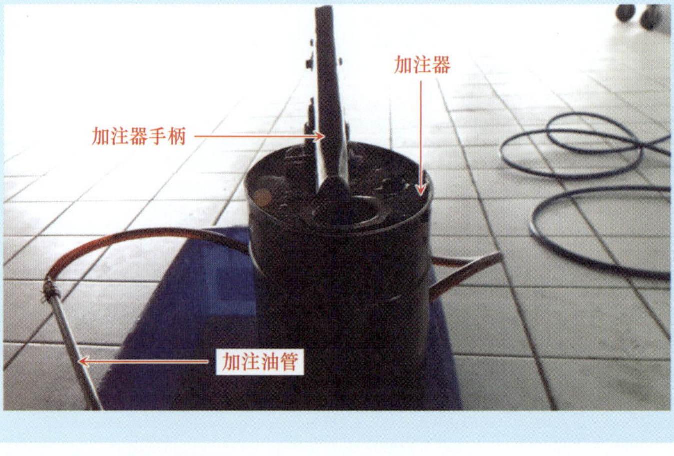

加注器

（3）拆卸油位检查孔螺塞，然后将加注油管插入油位检查孔，按压加注器手柄加入新的自动变速器油。

加注自动变速器油

（4）加注时直到自动变速器油从油位检查孔向外溢出为止。

自动变速器油外溢

（5）拔出加注油管，然后装好检查孔螺塞，最后检查确保自动变速器油放油螺塞无泄漏即可。

装好检查孔螺塞

加注自动变速器油

相关知识

对于带自动变速器油尺的自动变速器，检查自动变速器油量时，先从油尺管内拔出自动变速器油尺，用干净的布擦干净油尺后将其插回油尺管内，再取出自动变速器油尺，水平地握住，查看自动变速器油的油位，如果在上限和下限之间则为合格。

检查自动变速器油量

24. 驱动桥润滑油的检查

拆卸油位检查孔螺塞

（1）使用内六角套筒及扭力扳手拧松油位检查孔螺塞，然后将其取出。

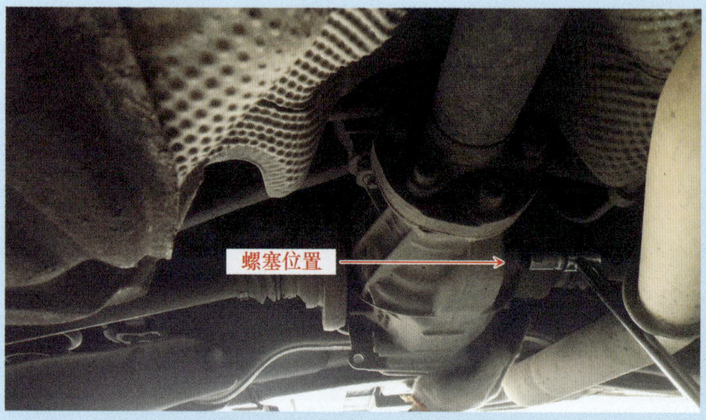

拆卸油位检查孔螺塞

（2）将手指缓慢地伸入检查孔内（注意避免油温过高烫到手），油位应该达到检查孔边的0～15mm之间为合格。如果油量不足，应补充润滑油，直到润滑油从检查孔向外溢出为止。注意：补充加注润滑油时要使用同一品牌的润滑油，不同品牌的润滑油不要混用，若混用会降低润滑油的使用效果。

检查驱动桥润滑油的油位

检查驱动桥润滑油的油位

（3）重新拧紧油位检查孔螺塞即可。

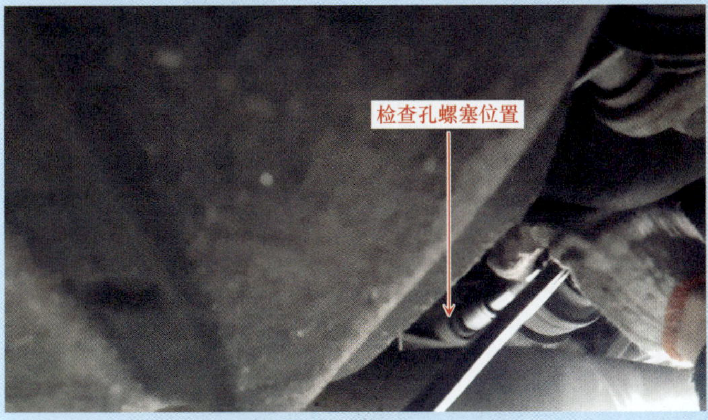

拧紧油位检查孔螺塞

拧紧油位检查孔螺塞

25. 制动盘的修复

（1）首先拆下车轮，从转向节上拆下制动卡钳总成。为防止卡钳总成或制动软管损坏，应使用一根短钢丝将卡钳总成吊离底盘。不要过度扭结制动软管。

（2）拆下制动盘平头螺钉，然后用锤子小心敲击制动盘，目的是使卡滞在轮毂上的制动盘脱离轮毂。此外，也可以将 2 个螺栓柠入制动盘，并将其推离轮毂。每次转动一个螺栓 90°，以防止制动盘发生粘连。

敲击制动盘

拆卸制动盘

（3）设法从轮毂上拆下制动盘。如果制动盘无法取下，则需拆下制动卡钳支架装配螺栓，然后拆下制动卡钳支架，再取下制动盘。

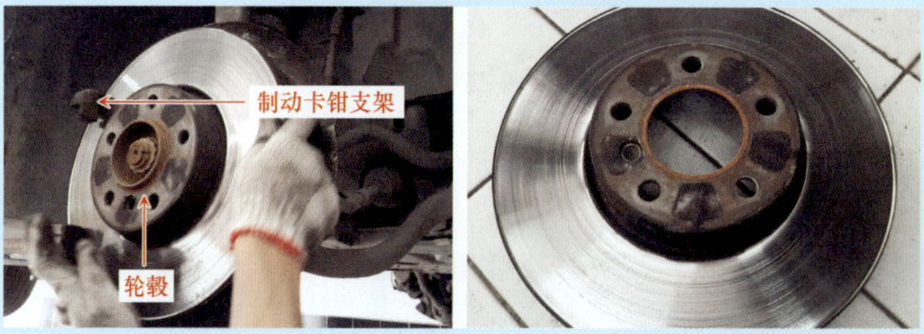

拆卸制动盘

（4）如果制动盘没有超出维修极限，则使用车载制动器车床修复制动盘，也可以使用等同的工具将制动盘的凹痕打磨平整，然后安装到轮毂上。注意：安装制动盘之前，清洁轮毂与制动盘内侧的配合表面。

安装制动盘

（5）拧紧制动盘平头螺钉，然后按照与拆卸相反的顺序安装制动钳支架、制动钳等部件。注意：安装车轮之前，清洁制动盘与车轮内侧的配合表面，然后安装车轮。

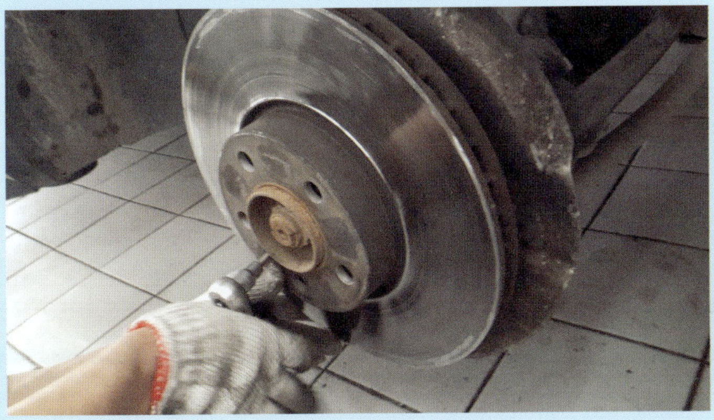

拧紧制动盘平头螺钉

拧紧制动盘平头螺钉

26. 更换制动摩擦片

（1）首先拆下车轮，然后拆下制动卡钳壳体卡夹。

（2）拆下制动软管装配螺栓。

（3）拆下防尘盖与销螺栓，然后拆下制动卡钳。

（4）从制动卡钳支架上拆下外制动摩擦片。

（5）将制动卡钳支架彻底清理干净，然后检查制动盘是否损坏或开裂。

（6）从制动卡钳上拆下内制动摩擦片，然后彻底清洁制动卡钳，同时检查制动卡钳是否有沟槽和裂纹。

（7）使用轮缸压缩工具将制动卡钳的轮缸活塞压入轮缸内。注意：确保活塞防护套处于正确位置，以防止卡钳的轮缸向下转动时受到损坏。

（8）将内外制动摩擦片运动的部位涂抹上润滑脂。

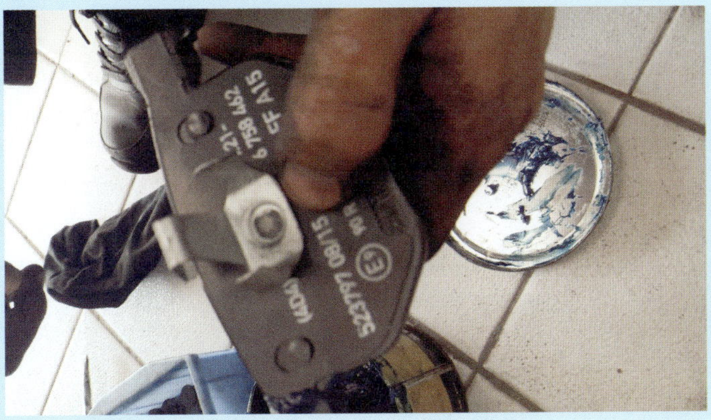

制动摩擦片运动的部位涂抹润滑脂

（9）将外制动摩擦片安装在制动卡钳支架上，并将内制动摩擦片安装在卡钳的轮缸上。如果重复使用制动摩擦片，务必将制动摩擦片重新安装在其原始位置，以防止制动效率瞬间丧失。

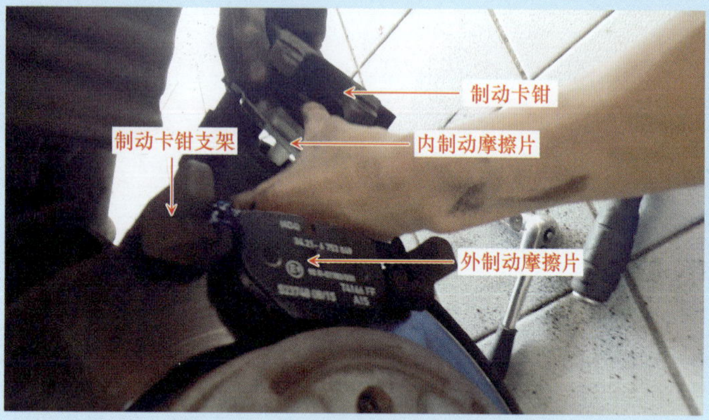

安装制动摩擦片

安装制动卡钳

（10）将制动卡钳安装就位，安装时小心不要弄伤手。

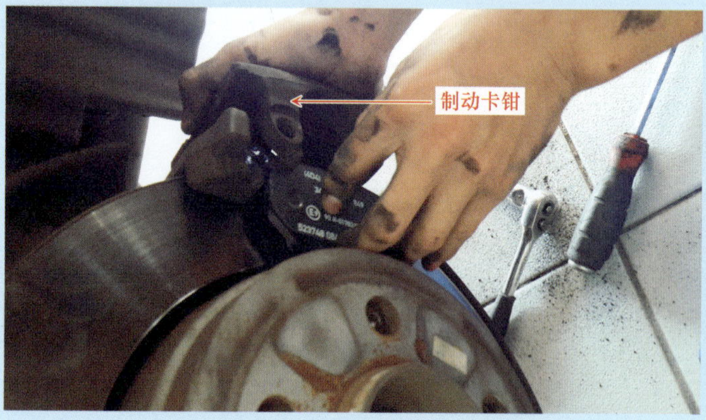

安装制动卡钳

给制动卡销涂抹润滑脂

（11）将制动卡销涂抹上润滑脂，然后安装上制动卡销。

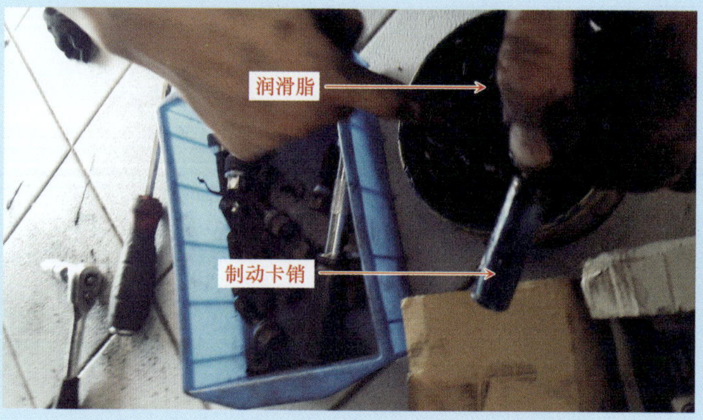

给制动卡销涂抹润滑脂

（12）拧紧制动卡销螺栓，然后盖上防尘盖，安装制动软管装配螺栓和壳体卡夹，最后安装车轮，并踩制动踏板数次，以确保制动器工作正常。

拧紧制动卡销螺栓

拧紧制动卡销螺栓

27. 减振器的更换

（1）首先拆卸车轮，然后拆下减振器夹紧螺栓，最后从减振器顶部拆下减振器装配螺母。

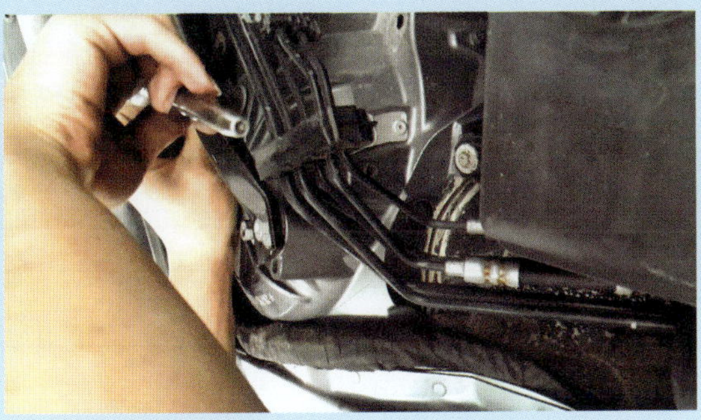

拆卸减振器装配螺母

拆卸减振器装配螺母

（2）从减振器顶部拉出减振器总成，小心不要刮花车身。然后用撬杠从减振器夹中撬松减振器总成，再将它从减振器夹中取出。

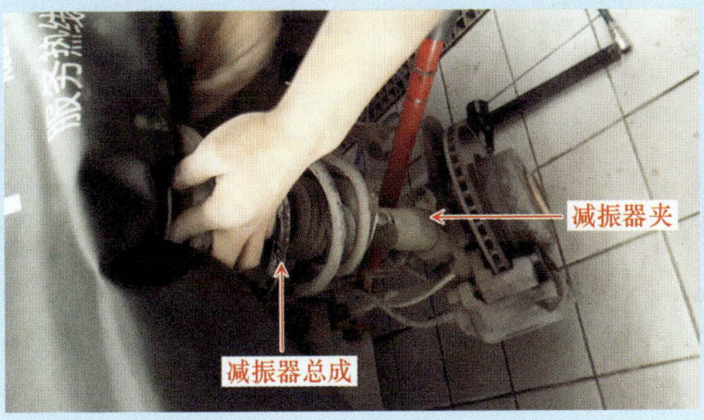

拆出减振器总成

拆出减振器总成

锁紧减振器总成

(3) 将减振器总成放置在减振器弹簧拆装器上，然后找好减振器总成中心位置，将减振器总成锁紧。

锁紧减振器总成

压缩螺旋弹簧

(4) 顺时针转动手柄，压缩减振器总成的螺旋弹簧。

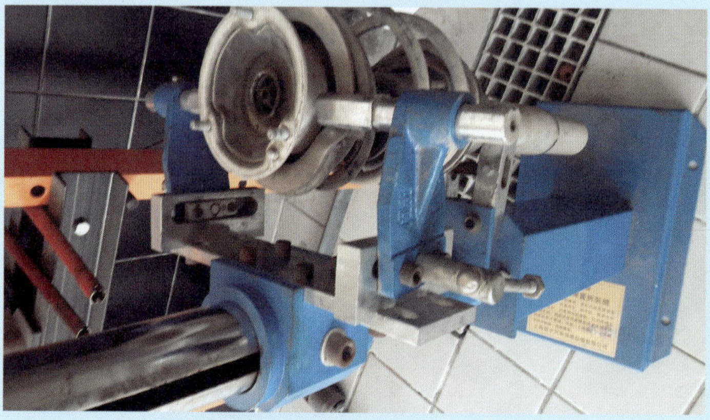

压缩螺旋弹簧

(5) 用气动工具拆下自锁螺母。拆下螺母时，切勿用力压螺旋弹簧。

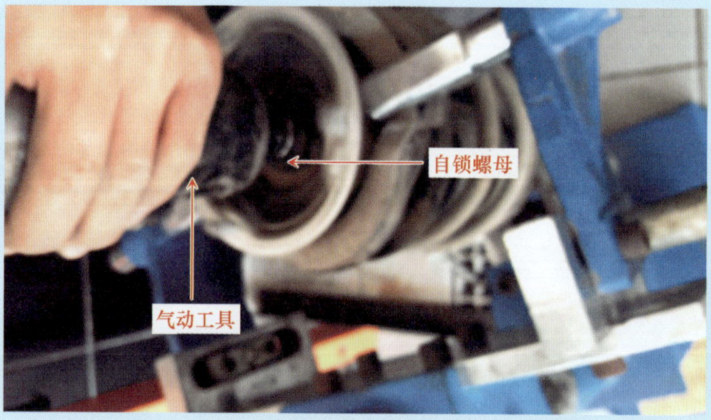

拆下自锁螺母

（6）从减振器总成上取下减振器装配座。

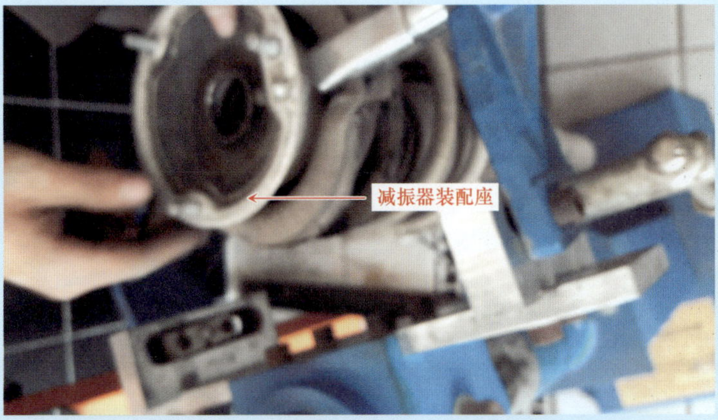

取下减振器装配座

（7）拆下减振器装配垫圈，然后用铁棍敲击弹簧装配垫将泥块清理干净。

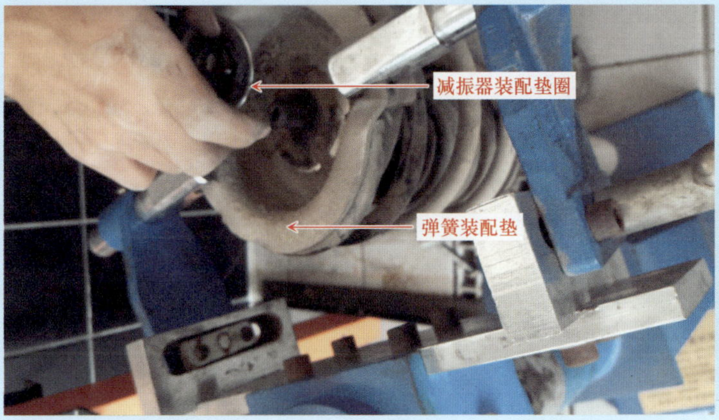

拆下减振器装配垫圈

拆下减振器
装配垫圈

（8）逆时针转动手柄，松开减振器弹簧。

松开减振器弹簧

（9）拆下弹簧装配垫及缓冲垫，然后取下减振器弹簧。

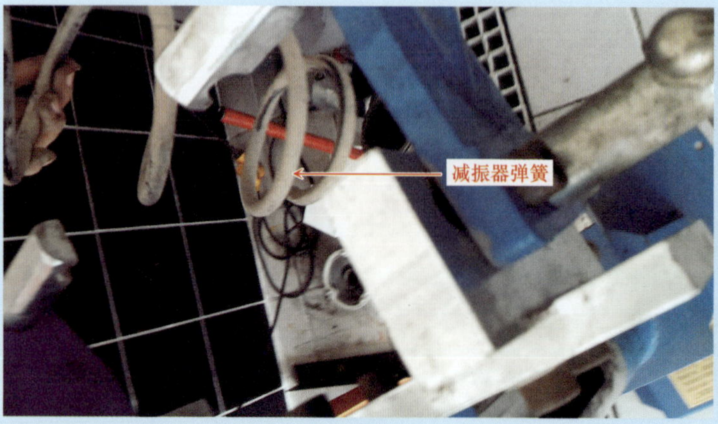

取下减振器弹簧

拆解旧减振器总成

（10）将减振器弹簧拆装器的锁紧手柄松开，然后取下旧减振器。

取下旧减振器

锁紧新的减振器

（11）将新的减振器锁紧在减振器弹簧拆装器内。

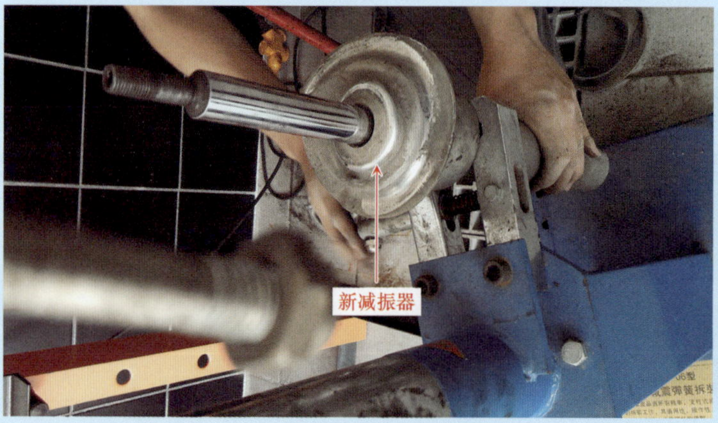

锁紧新的减振器

（12）在下部装配座上装上缓冲垫，然后在缓冲垫上涂抹一层润滑脂。

装上缓冲垫

（13）将减振器弹簧装入新减振器中。

装入减振器弹簧

（14）在弹簧装配垫的缓冲垫上涂抹一层润滑脂。

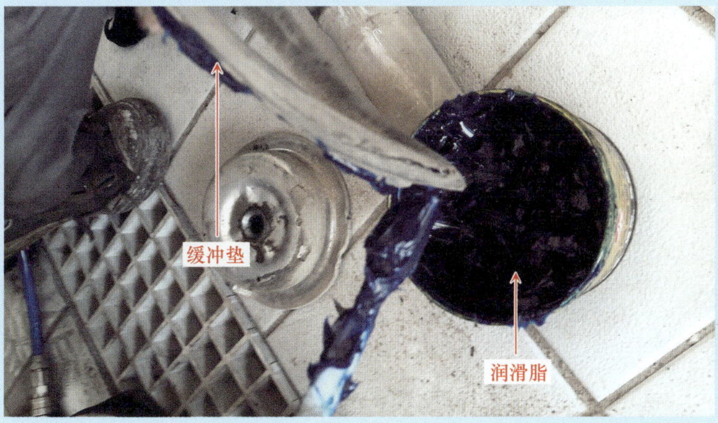

缓冲垫涂抹润滑脂

组装减振器总成

（15）将缓冲垫和弹簧装配垫一起装在减振器弹簧顶部。

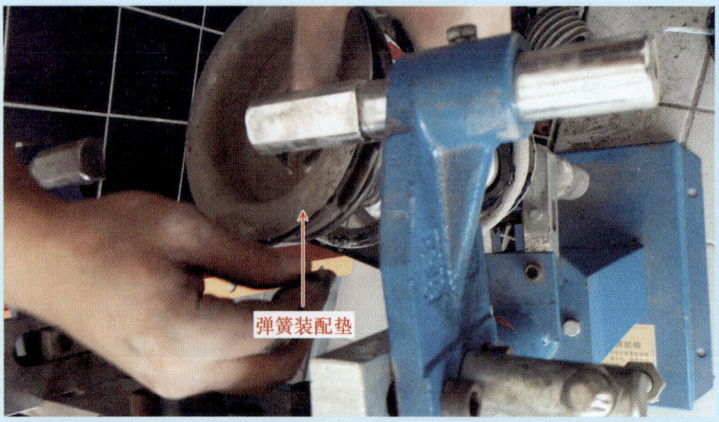

安装缓冲垫和弹簧装配垫

给轴承涂抹润滑脂

（16）在减振器装配座内的轴承上涂抹润滑脂。

给轴承涂抹润滑脂

（17）装入减振器装配垫圈。

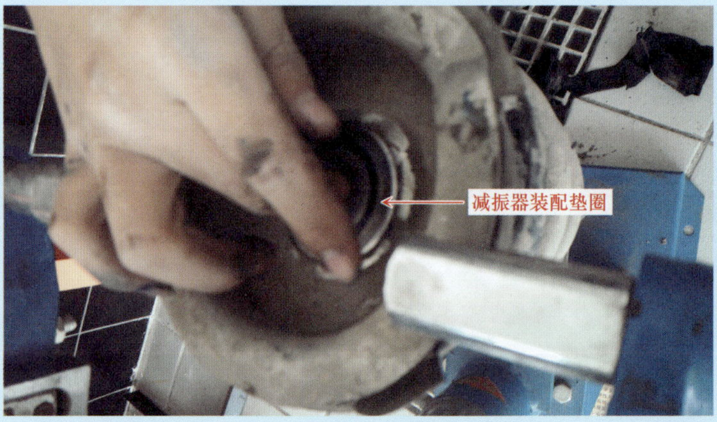

安装减振器装配垫圈

（18）调整减振器中心位置，然后转动手柄压缩减振器弹簧。

压缩减振器弹簧

（19）插入内六角扳手，用力向上拉新减振器轴，然后转动手柄继续压缩减振器弹簧，直到减振器轴露出弹簧装配垫外。

往上拉减振器轴

（20）拔出内六角扳手，然后装入减振器装配座。安装时要确保减振器装配座上的突出部位的角度与减振器底部的校准锁片对齐。

装入减振器装配座

（21）小心地放入自锁螺母，然后用套筒将自锁螺母拧入减振器螺纹 3 ~4 圈。

拧入自锁螺母

安装减振器
装配座

（22）用气动工具将自锁螺母锁紧，然后转动手柄释放弹簧压力。

锁紧自锁螺母

取下减振器
总成

（23）将减振器弹簧拆装器的锁紧手柄松开，然后取下减振器总成。

取下减振器总成

（24）将减振器总成插入减振器夹中，使校准锁片朝内。

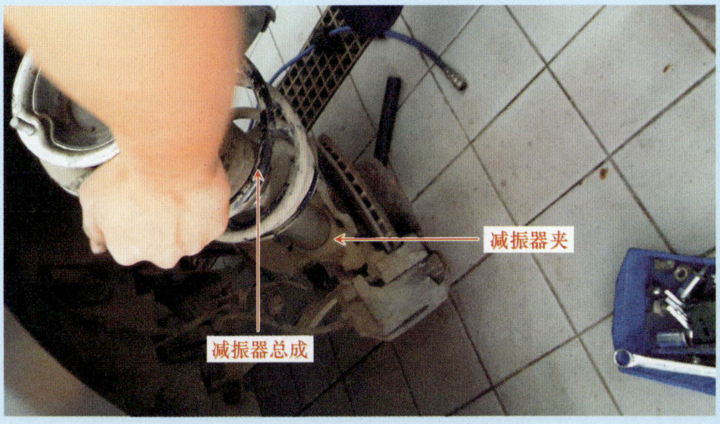

减振器总成插入减振器夹

（25）将减振器总成安装在车身上，但小心不要划伤车身。

将减振器总成安装在车身上

（26）将千斤顶放置在下臂之下，并举升悬架使减振器总成的螺栓与车身的安装座对位。

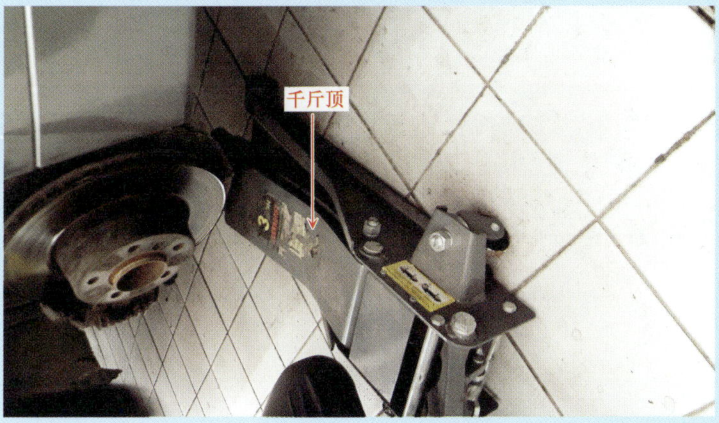

千斤顶举升悬架

装入减振器总成

拧紧减振器总成顶部的装配螺母

（27）安装好减振器总成顶部的装配螺母，然后以规定的力矩拧紧。

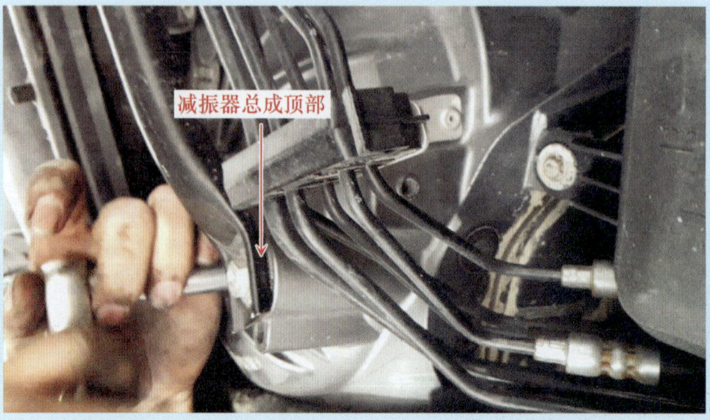

拧紧减振器总成顶部的装配螺母

拧紧减振器与减振器叉装配螺栓

（28）安装好减振器与减振器叉装配螺栓，最后用扭力扳手以规定的力矩拧紧。

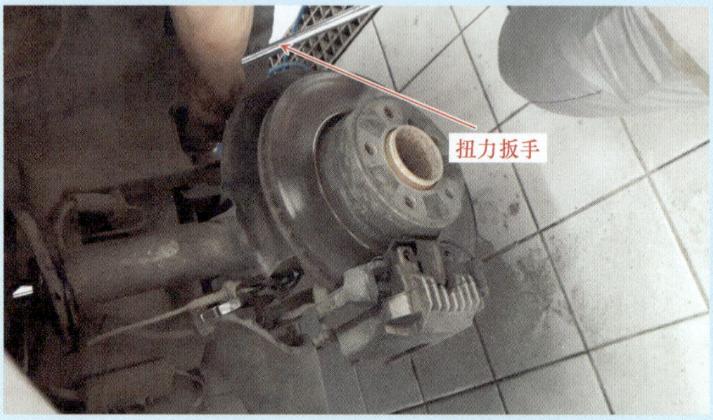

拧紧减振器与减振器叉装配螺栓

相关知识

检查减振器

用手按压减振器，检查减振器在整个工作行程内压缩和伸展是否顺畅。释放压缩力时，减振器应该始终伸展顺畅。若伸展不顺畅，则表明减振器漏气，应更换减振器。

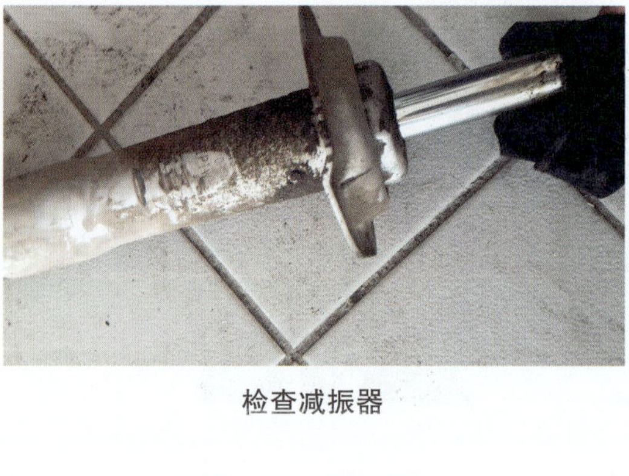

检查减振器

28. 下摆臂的更换

（1）首先需要从转向节上拆卸下摆臂球头螺母，然后拆下减振器叉架装配螺母，取出减振器叉架装配螺栓。

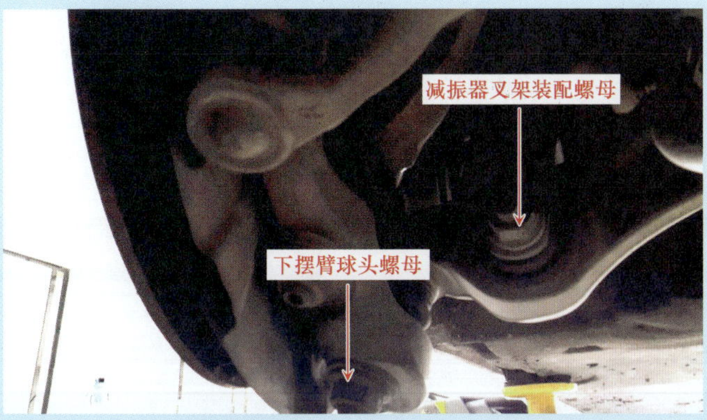

下摆臂球头螺母及减振器叉架装配螺母位置

（2）拆下下摆臂与副车架的装配螺母，然后取出螺栓。

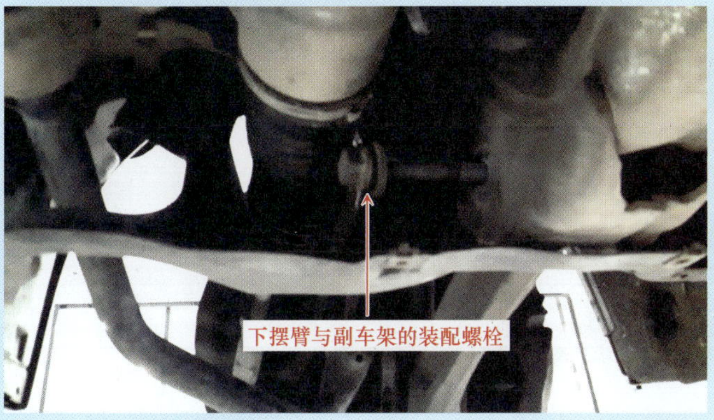

拆下下摆臂与副车架的装配螺母

（3）使用撬杠将下摆臂与副车架的一端撬出。

撬出下摆臂与副车架的一端

拆下旧下摆臂

（4）从转向节上拆下旧下摆臂。

拆下旧下摆臂

（5）将新的下摆臂的球头放入转向节，然后将下摆臂放入下减振器叉架内，再将下摆臂的另一端放入副车架安装孔内。

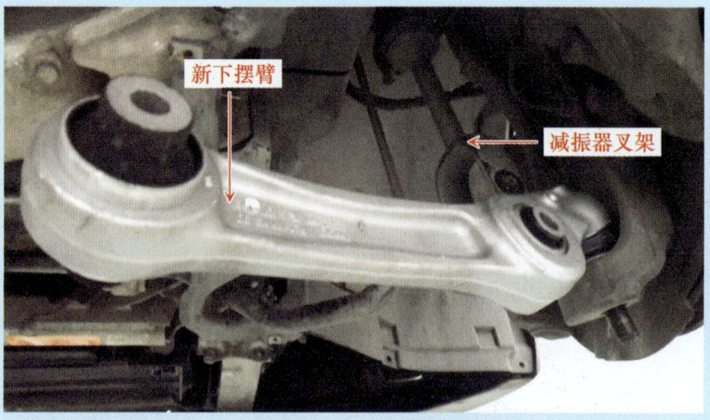

装入新下摆臂

（6）穿入减振器叉架装配螺栓至下摆臂，然后在装入下摆臂与副车架的装配螺栓。注意：穿入螺栓之前要用千斤顶顶住转向节以举升悬架，便于安装螺栓。

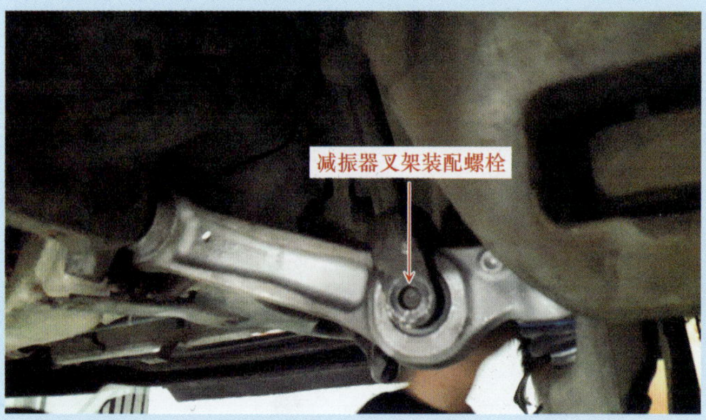

穿入减振器叉架装配螺栓

（7）分别拧上减振器叉架装配螺栓的螺母、下摆臂球头螺母、摆臂与副车架的装配螺栓的螺母，最后将所有的螺母拧紧至规定力矩即可。注意：安装转向节球头螺母时，小心切勿损坏球头防护套。

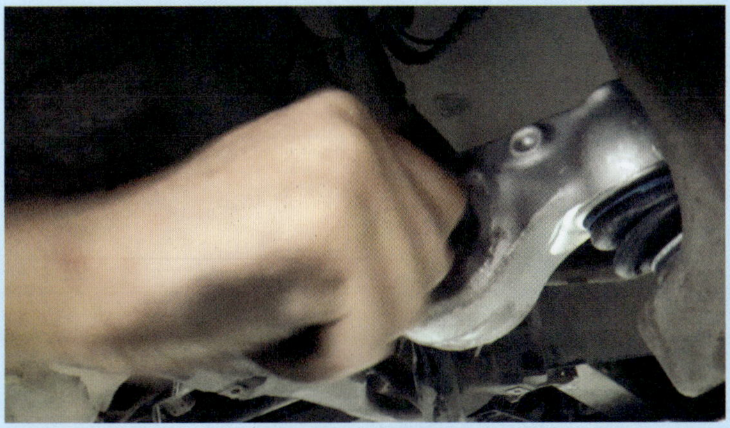

拧上叉架装配螺栓的螺母

拧上叉架装配螺栓的螺母

相关知识

使用撬杠撬动底盘所有摆臂和撑杆件，观察它们是否有不正常的噪声和松动，如果存在异常则更换新件。此外，检查所有摆臂和撑杆件球头防护套是否出现老化、损坏、裂纹，以及套内是否有润滑脂泄漏。如果某个球头防护套出现润滑脂泄漏，则需更换该球头或总成件；如果某个球头防护套没有润滑脂泄漏，而是出现老化和裂开，则更换新的球头防护套，必要时更换总成件。

检查摆臂和撑杆件的球头

检查摆臂和撑杆件的球头

29. 撑杆内轴承的更换

（1）首先拆下撑杆与转向节的球头螺母。

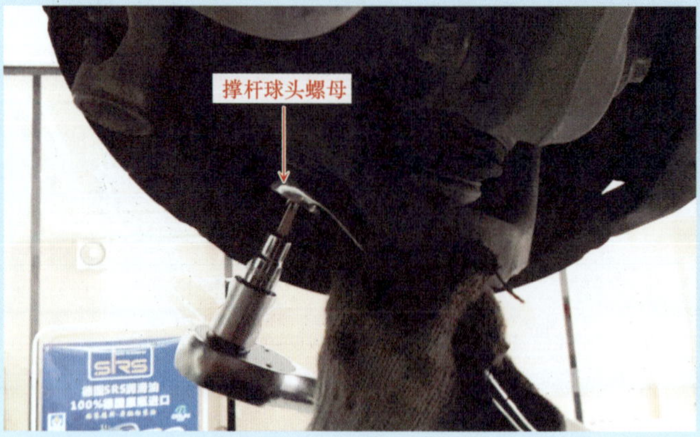

拆卸撑杆球头螺母

（2）拆卸撑杆与副车架装配螺栓的螺母，然后从撑杆轴承中取出螺栓。

拆卸撑杆与副车架装配螺栓的螺母

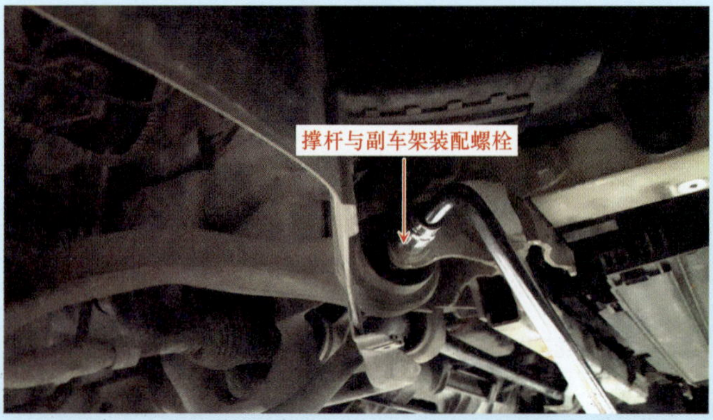

拆卸撑杆与副车架装配螺栓的螺母

（3）使用撬杠将撑杆与副车架的一端撬出，然后取下撑杆。

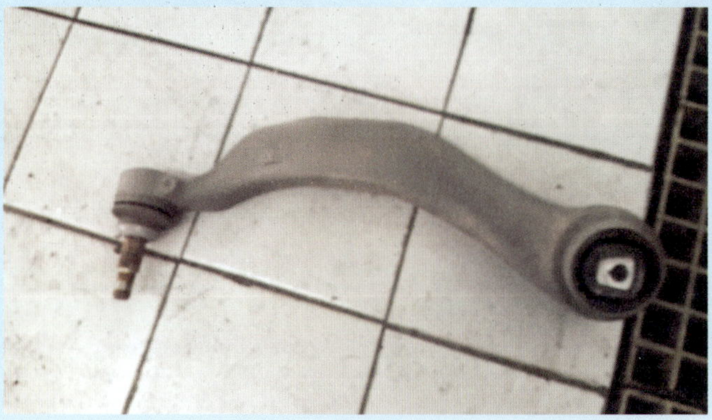

拆下撑杆

（4）在撑杆底部内轴承对准标记旁边画上对准标记，然后用液压压力机拆出撑杆内轴承。拆卸时首先在撑杆内轴承底部垫一个轴承接收器，然后将撑杆放置在轴承接收器上，并在撑杆内轴承中心放置一个合适的圆柱垫块。

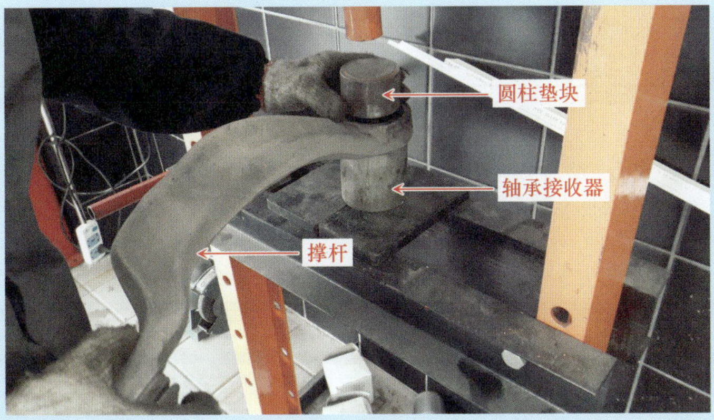

安装圆柱垫块

（5）按压液压压力机手柄，将撑杆内轴承压出。注意：小心不要损坏撑杆上的轴承套孔内部。

压出撑杆内轴承

压出撑杆内轴承

（6）在撑杆内轴承套孔底部垫一个轴承接收器，然后将撑杆放置在轴承接收器上。

垫一个轴承接收器

（7）将新撑杆内轴承放置在撑杆内轴承套孔上，同时确保撑杆内轴承的安装方向正确，并将撑杆内轴承对准标记与撑杆对齐。

将撑杆内轴承对准标记与撑杆对齐

（8）小心地在撑杆内轴承上面放置一块垫铁。

内轴承上面放置垫铁

（9）按压液压压力机手柄，将新撑杆内轴承压入撑杆内轴承套孔内，压入位置要准确，避免凸起部分超出安装标准。

压入撑杆内轴承

（10）安装完成之后将撑杆从液压压力机上取下。

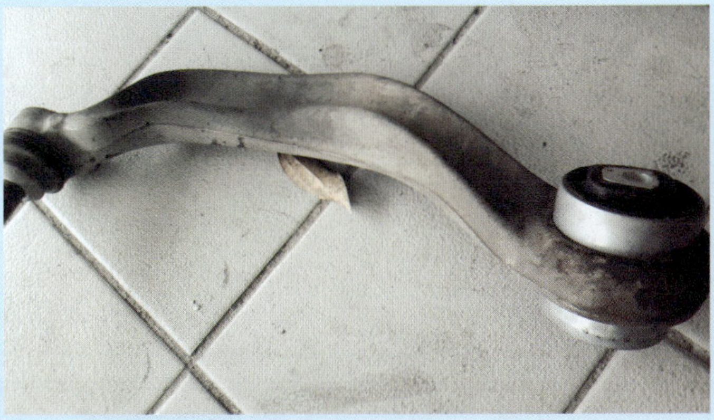

安装完新撑杆内轴承

安装撑杆内轴承

（11）按照拆卸相反的顺序安装撑杆。

安装撑杆

安装撑杆

30. 机脚胶的更换

（1）首先将吊耳安装在发动机上，然后用发动机支撑架吊住发动机。

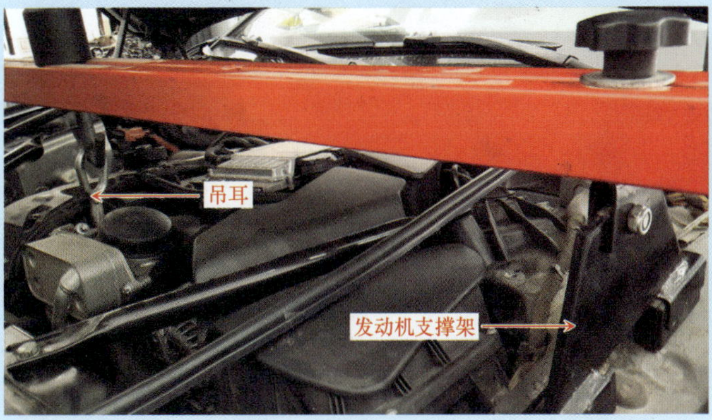

吊住发动机

（2）安全地举升车辆，然后拆卸转向球节、机脚胶与发动机座的固定螺栓等部件，再小心地拆下前副车架，并用支撑架将前副车架支撑住。

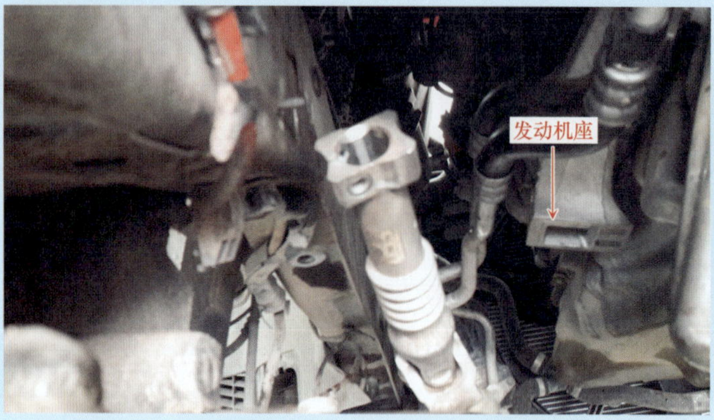

拆下前副车架

（3）从前副车架上拆下 2 个机脚胶。

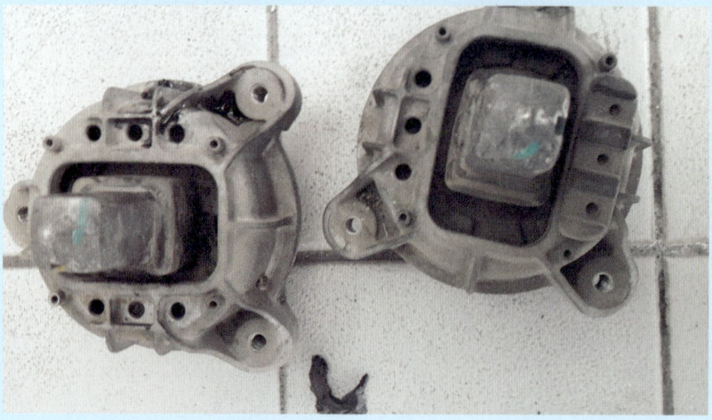

拆下机脚胶

（4）将新的机脚胶与旧的机脚胶进行对比，分清机脚胶的左右位置。

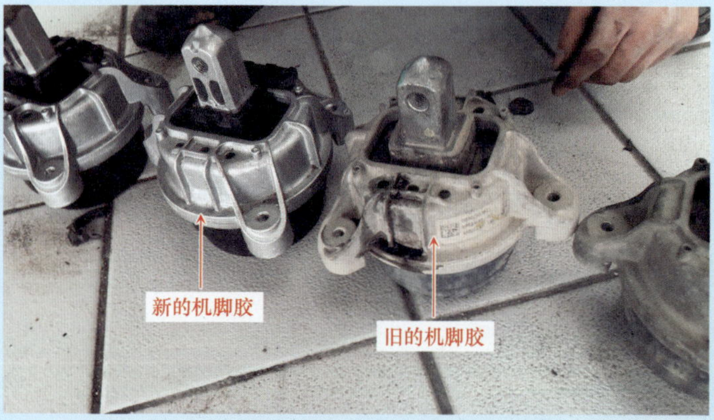

新旧机脚胶对比

新旧机脚胶对比

（5）将新机脚胶放入前副车架，同时要确保安装位置的准确。

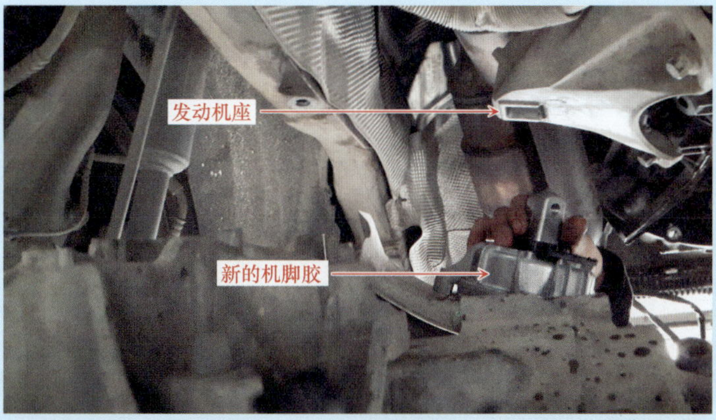

放入新的机脚胶

放入新的机脚胶

（6）将新的机脚胶用螺栓固定在前副车架上。

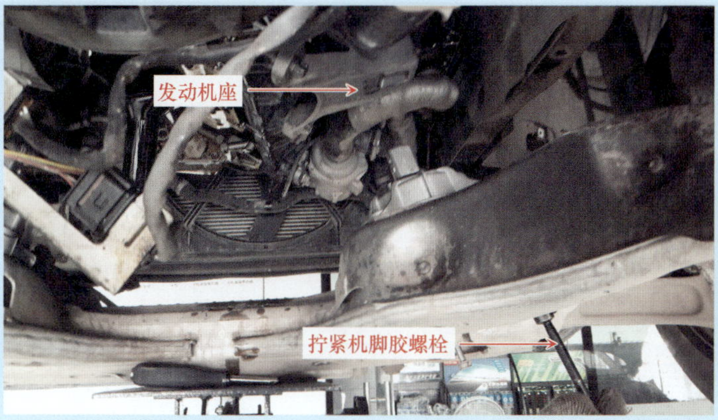

安装新的机脚胶

安装新的机脚胶

（7）按照与拆卸相反的顺序安装好前副车架，然后安装好转向球节、机脚胶与发动机座固定螺栓等部件，最后拆开发动机支撑架。

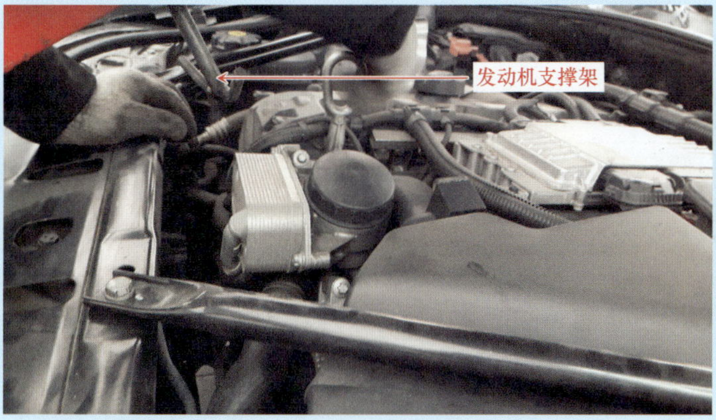

拆卸发动机支撑架

31. 轮胎的更换

（1）首先将轮胎放气，然后在扒胎机上使用分离铲将外侧轮胎与轮辋松开。

分离外侧轮胎与轮辋

分离轮胎与轮辋

（2）将轮胎换到另一面，然后将内侧轮胎与轮辋松开。注意：分离轮胎时要尽量避开气门嘴位置。

分离内侧轮胎与轮辋

（3）将轮胎放在扒胎机的工作台上。

轮胎放在扒胎机工作台上

（4）用大螺距螺栓将车轮拧紧在扒胎机工作台上。

用大螺距螺栓拧紧车轮

（5）通过操作脚踏开关，使拆装器抵触轮辋边沿，用撬杠将轮胎凸缘撬起并滑抬至拆装器的拆卸凸块之上、滑轨之下。

安装拆装器

（6）踏下转动开关，转盘将带动轮胎旋转，拆装器便能自如地将外侧轮胎从轮辋上卸下。

从轮辋上卸下外侧轮胎

拆卸轮胎

（7）当外侧轮胎卸下后，将内侧轮胎滑抬至拆装器的拆卸凸块之上、滑轨之下。按同样的方法可将内侧轮胎从轮辋中卸下。

从轮辋上卸下内侧轮胎

（8）在新轮胎内侧边沿涂抹上一层润滑剂。

新轮胎内侧边沿涂抹润滑剂

（9）将新轮胎内侧边沿斜置于轮辋上，使轮胎凸缘前部引入拆装器装拆滑轨上，然后踏下转动开关使轮辋转动而将新轮胎内侧装入轮圈。

新轮胎内侧装入轮辋

（10）在新轮胎外侧边沿涂抹上一层润滑剂。

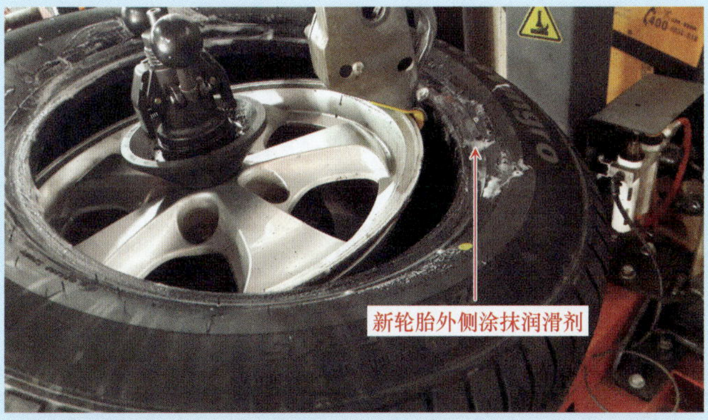

新轮胎外侧边沿涂抹润滑剂

（11）用扒胎机的滚筒压住新轮胎外侧边沿，使轮胎凸缘前部引入拆装器装拆滑轨上，然后踏下转动开关使轮辋转动而将新轮胎外侧装入轮辋。注意：装入轮胎时要按照轮胎的安装标记进行对位安装。

新轮胎外侧装入轮辋

（12）安装好轮胎之后，将充气枪上的充气头与轮胎的气门嘴相连，然后先用 300kPa 的气压给轮胎充气，使轮胎凸缘嵌入轮辋的轮沿内。再根据车辆轮胎标准值将轮胎气压调整到规定值，并拧上气门嘴盖即可。

轮胎充气

安装轮胎

（13）拆下大螺距螺栓，然后将车轮从扒胎机工作台上取下。

拆下大螺距螺栓

相关知识

（1）在胎侧标有旋转方向的轮胎，应按旋转方向装配。

（2）安装轮胎时分清内外侧，在轮胎外侧一般会印有“OUTSIDE”字样、生产日期或者“DOT”标记。通过这三种标识的其中一个即能判断出轮胎的外侧。

（3）胎面上如有“▲”“■”“○”等标志，表示该处是轮胎较轻的部位，该标记应对正轮胎气门嘴来安装。但如果轮胎上有一个红点和黄点，则将黄点处正对气门嘴来安装，实心红点处是轮胎最大的振动点，振动值过大时轮胎会产生振动。

轮胎标记

32. 轮胎的动平衡测试

（1）根据轮辋中心孔的大小选择锥体，仔细地装上车轮，然后用大螺距螺母上紧。

大螺距螺母上紧车轮

（2）用卡尺测量轮辋宽度 L、轮辋直径 D（也可从胎侧读出），用动平衡机上的标尺测量轮辋边缘至机箱距离 A，然后将 A、D、L 值键入指示与控制装置中去。

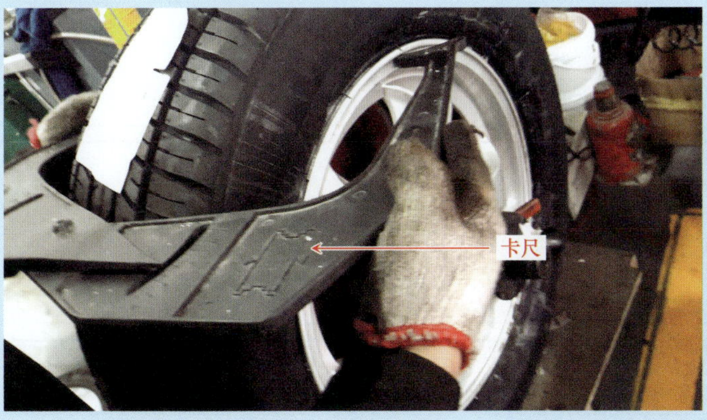

卡尺测量轮辋宽度

（3）按下起动键，车轮旋转动平衡测试开始。

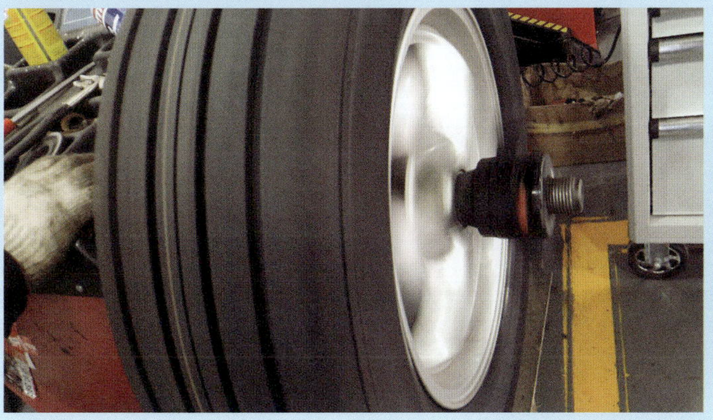

动平衡测试开始

（4）车轮自动停转或听到“滴滴”声后按下停止键即可从显示屏上读取车轮内、外不平衡量。若显示数据为 0，代表不平衡量 <5g，符合标准；若显示 >5 g，则需要调整不平衡量。

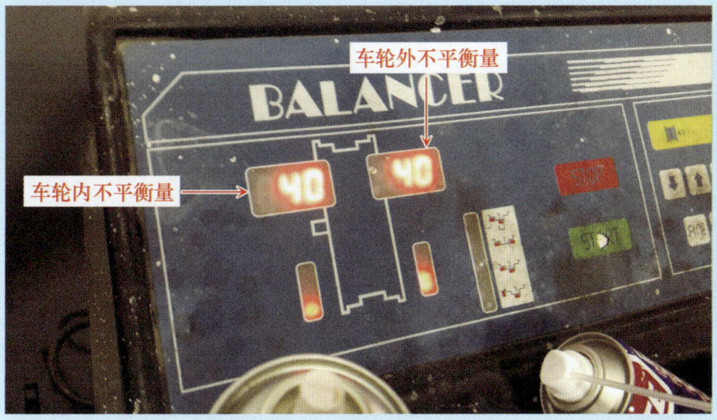

车轮内、外不平衡量

（5）用手慢慢转动车轮，直到动平衡机显示面板上左侧指示灯全亮或显示中间位置时停止转动，此位置即为车轮左侧不平衡位置，然后在轮辋左侧正上方（12 点位置）处加装平衡块。

轮辋左侧加装平衡块

（6）用手慢慢转动车轮，直到动平衡机显示面板上右侧指示灯全亮或显示中间位置时停止转动，此位置即为车轮右侧不平衡位置，然后在轮辋右侧正上方（12 点位置）处加装平衡块。

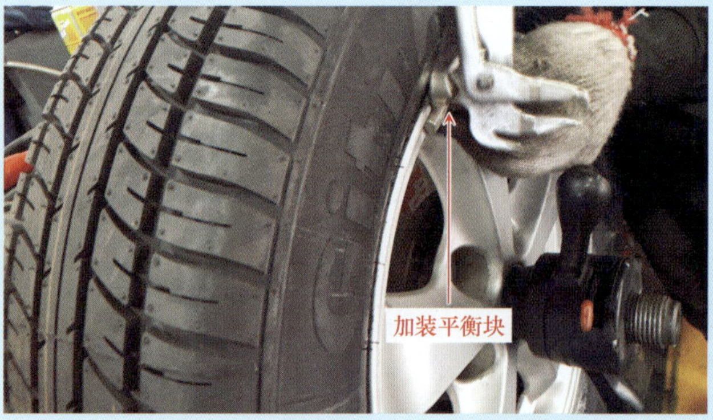

轮辋右侧加装平衡块

（7）再次测试车轮动平衡，直至不平衡量 <5g，即平衡机显示面板显示“0”或“OK”为合格，否则需要加装平衡块进行调整，直到显示不平衡量 <5g 为止。

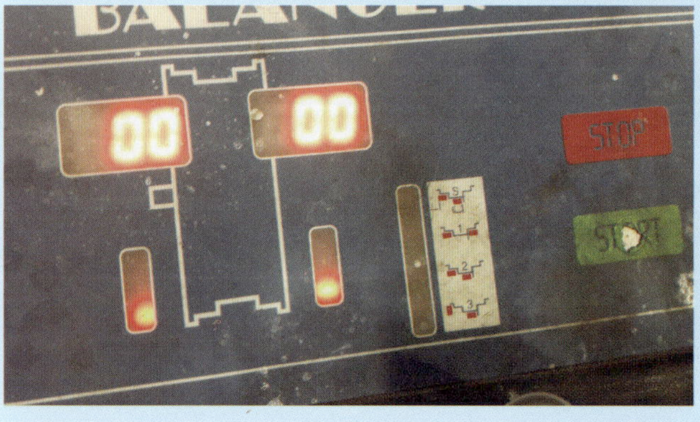

平衡机显示面板显示 0 为合格

轮胎的动平衡测试

33. 四轮定位

（1）首先确保转盘定位销锁住上转盘，然后将汽车驶入四轮定位仪上，同时要确保前轮放在转盘正中，后轮置于滑板上。拉紧驻车制动器，在后轮前后放置防滑器。

前轮放在转盘正中

（2）安全地举升车辆至一定高度（该高度由操作人员灵活掌握）。

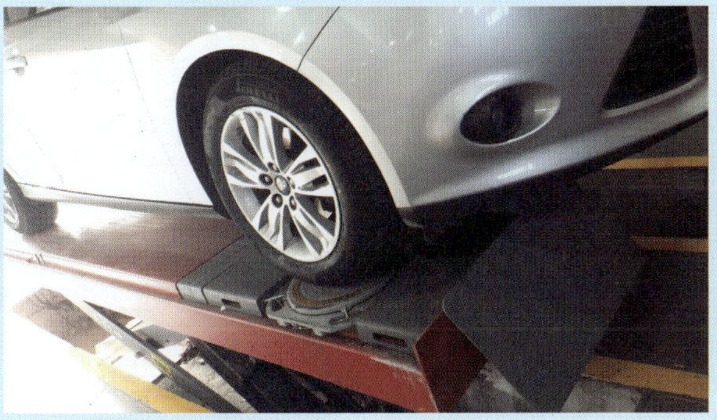

安全地举升车辆

安全地举升车辆

（3）分别将4个专用夹具及目标靶装在轮辋上，然后检查是否安装牢固，再将转盘定位销拔出。注意：专用夹具可由内向外卡，也可将星形卡爪反过来由外向内卡。

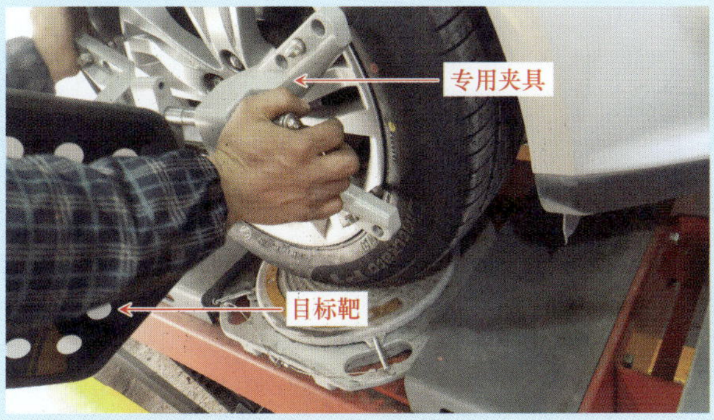

安装专用夹具及目标靶

安装专用夹具及目标靶

（4）打开计算机电源，启动 Windows 程序，然后在 Windows 界面打开四轮定位测量程序，即显示出主菜单。根据主菜单填写信息，然后进入车型选择界面。

根据主菜单填写信息

（5）进入测量程序，根据引导程序界面进行操作，最后检测四轮定位数据，如果四轮定位数据有红色项目，则需要对该项目进行调整参数。

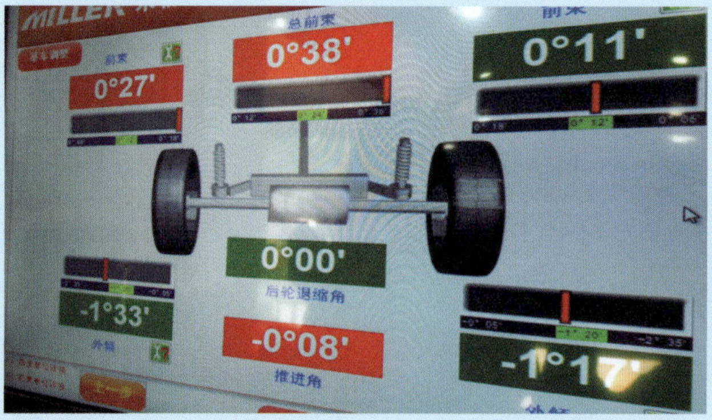

检测四轮定位数据

检测四轮
定位数据

（6）调整前束，直到四轮定位数据界面变绿且“红色光标”位于中间位置为最佳状态。

调整前束值

调整前束值

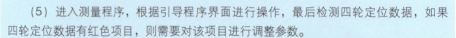

（7）车辆检测调整完毕后打印检测报告，然后退出车辆定位程序，关闭计算机电源。拆下 4 个专用夹具及目标靶，降下车辆，锁好转盘和滑板的锁止销，再将车辆驶离四轮定位台。注意：如不锁好转盘和滑板的锁止销，汽车驶离四轮定位台容易损坏转盘和滑板。

降下车辆

第 5 章　空调制冷系统检修

34. 空调系统电路的检修

读取空调系统故障码

（1）首先使用故障诊断仪读取空调系统电路故障码，然后根据故障码的提示进行检修，例如以下宝马空调系统电路故障码显示压缩机离合器断路。

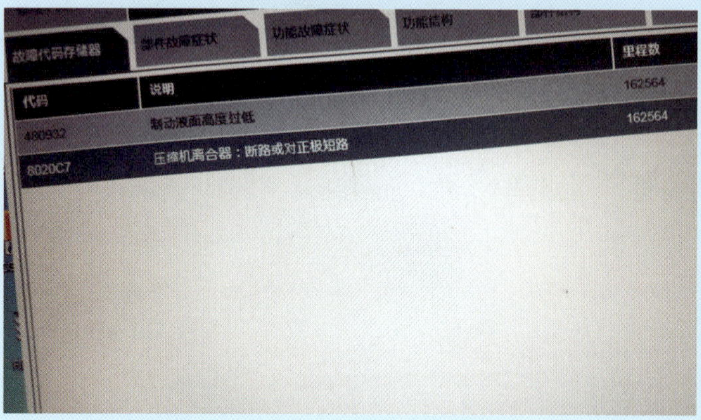

宝马空调系统电路故障码

（2）查找压缩机离合器电路图，然后根据电路图线路对压缩机离合器的线束进行测试，直到找出故障部位为止。

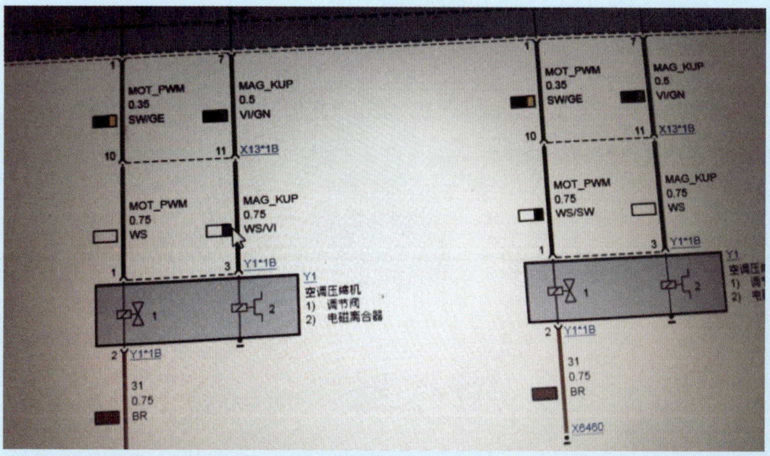

压缩机离合器电路图

35. 空调压缩机离合器测试

（1）首先将压缩机壳体（或负极接线端）接触 12V 蓄电池负极端。

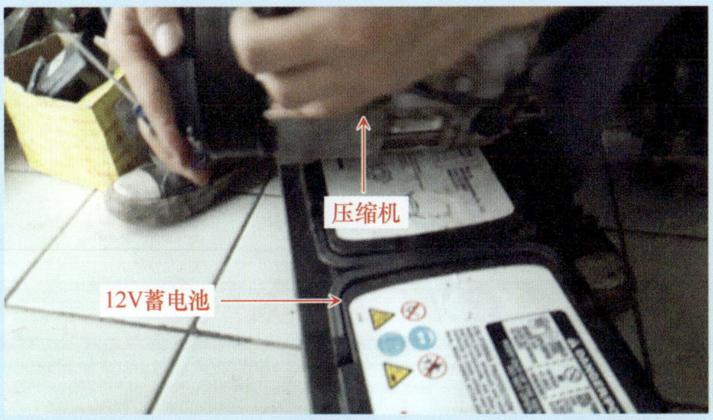

压缩机壳体接触蓄电池负极端

（2）将电线的一端接触 12V 蓄电池正极端。

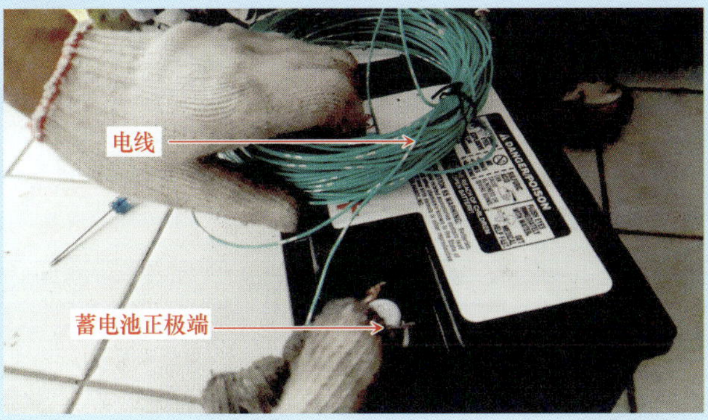

电线的一端接触蓄电池正极端

（3）将电线的另一端接至压缩机电磁离合器的正极接线端，此时压缩机电磁离合器应该正常吸合，若不能正常吸合，则说明压缩机电磁离合器损坏，应更换压缩机电磁离合器。

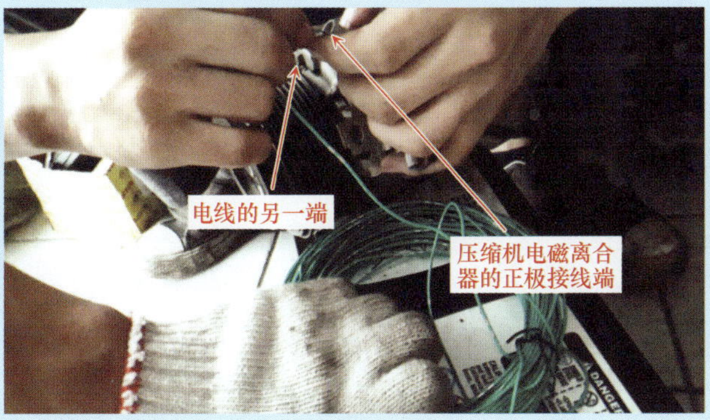

电线的另一端接触电磁离合器的正极接线端

空调压缩机离合器通电测试

36. 更换空调压缩机离合器

（1）首先用T字杆拆下离合器压盘固定螺栓。

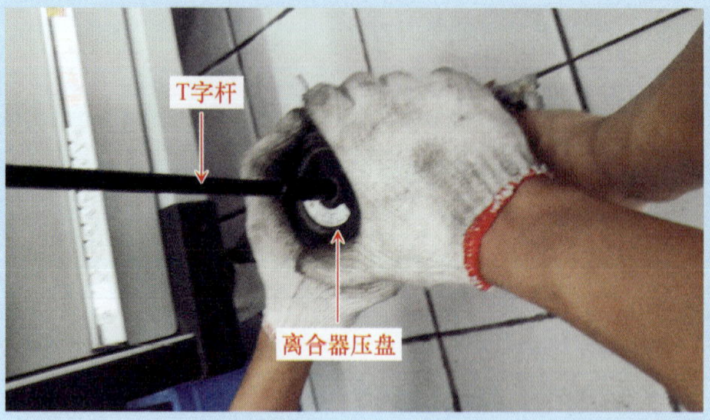

拆卸离合器压盘固定螺栓

（2）拆下离合器压盘，然后取出垫片，小心不要丢失垫片。如果需要调节离合器压盘间隙，则按照需要增加或减少垫片的数量和厚度，然后重新安装离合器压盘，并重新检查离合器压盘间隙。

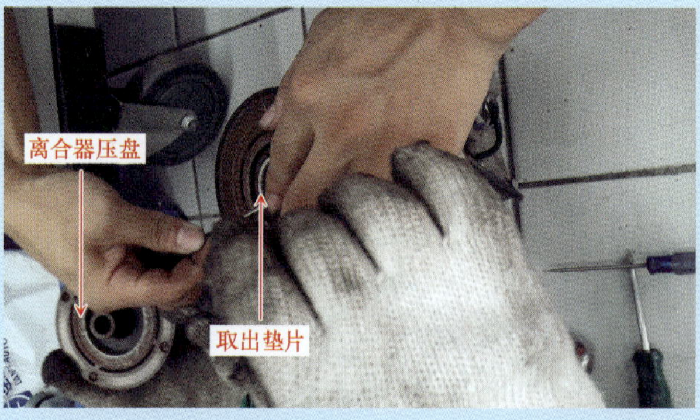

拆卸离合器压盘和垫片

拆卸离合器压盘和垫片

（3）使用卡簧钳夹紧压缩机带轮弹簧卡环，然后用一字螺钉旋具将其撬起，即可将压缩机带轮弹簧卡环取出。

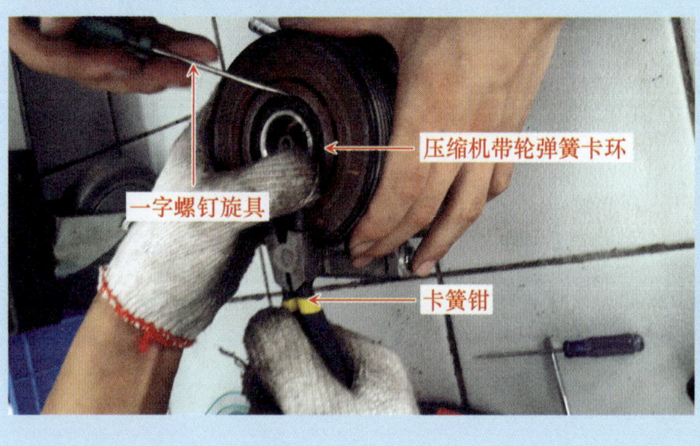

拆卸压缩机带轮弹簧卡环

拆卸压缩机带轮弹簧卡环

（4）使用拉拔器将压缩机带轮拉拔出。拉拔时小心不要损坏压缩机带轮及压缩机体。

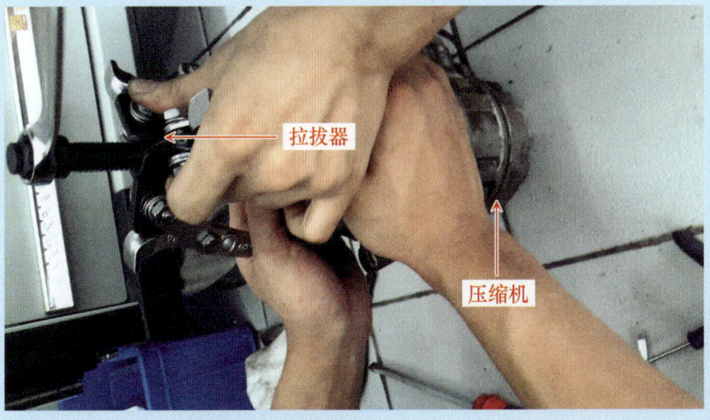

拆出压缩机带轮

拆出压缩机带轮

（5）使用卡簧钳拆卸离合器电磁线圈弹簧卡环，然后拆下离合器电磁线圈插接器的固定螺栓。

拆卸离合器电磁线圈弹簧卡环

拆卸离合器电磁线圈弹簧卡环

（6）从压缩机体的转子上取下离合器电磁线圈。

取下离合器电磁线圈

取下离合器电磁线圈

安装离合器电磁线圈弹簧卡环

（7）将新的离合器电磁线圈装入压缩机体的转子，然后使用卡簧钳安装好离合器电磁线圈弹簧卡环，安装弹簧卡环要注意安装方向，并确定其完全嵌入凹槽内。安装离合器电磁线圈时要使其导线侧朝下，并且将离合器电磁线圈的突起部分与压缩机体上的孔对正。

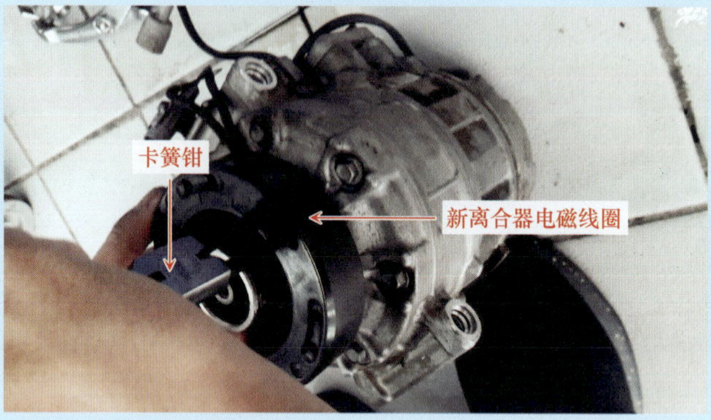

安装离合器电磁线圈弹簧卡环

安装压缩机带轮

（8）首先将压缩机带轮装到压缩机体的转子上，然后将压缩机带轮安装到位，再装好压缩机带轮弹簧卡环。

安装压缩机带轮

（9）小心地装入垫片。

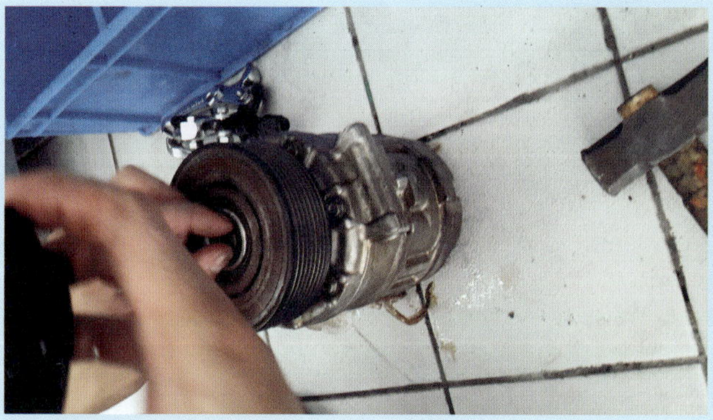

装入垫片

（10）装入离合器压盘。

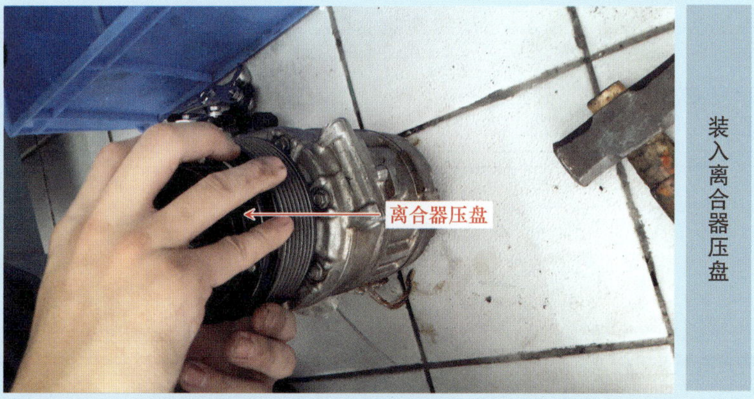

装入离合器压盘

（11）用手将离合器压盘固定螺栓拧上几圈。

（12）用棘轮扳手将离合器压盘固定螺栓拧紧，然后用手转动压缩机带轮，检查压缩机带轮是否存在间隙和阻力。如果有噪声或间隙阻力过大，则应重新更换新的离合器部件。将离合器电磁线圈插接器的固定螺栓拧紧，否则压缩机带轮转动时有可能损伤离合器电磁线圈的导线。

拧紧离合器压盘固定螺栓

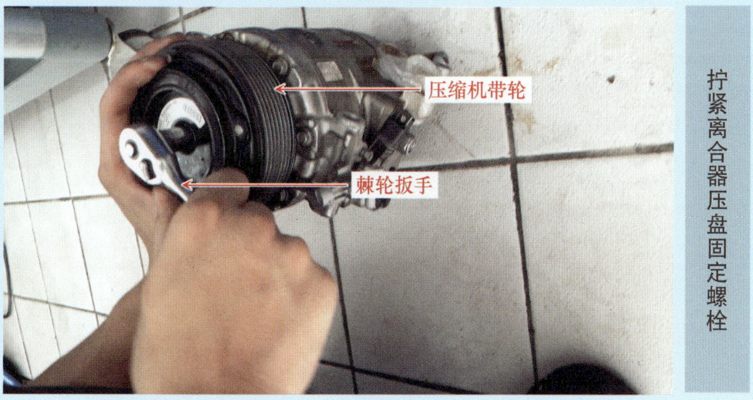

相关知识

拉拔器俗称拉马，主要用于汽车维修中轴承部位的拆装，常见的拉拔器有两爪和三爪2种类型，其使用方法如下：

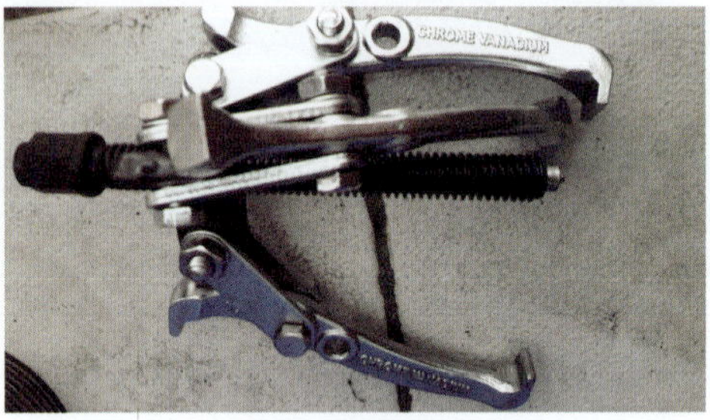

三爪拉拔器

（1）拆卸带轮、齿轮等零件应选用三爪拉拔器，而拆卸轴承等零件最好使用两爪拉拔器。

（2）使用时，拉臂能抓住所要拆卸的部件，使用扳手旋进中心螺杆，随着中心螺杆的旋入，拉臂上就会产生很大的拉力，直到把部件拆下。

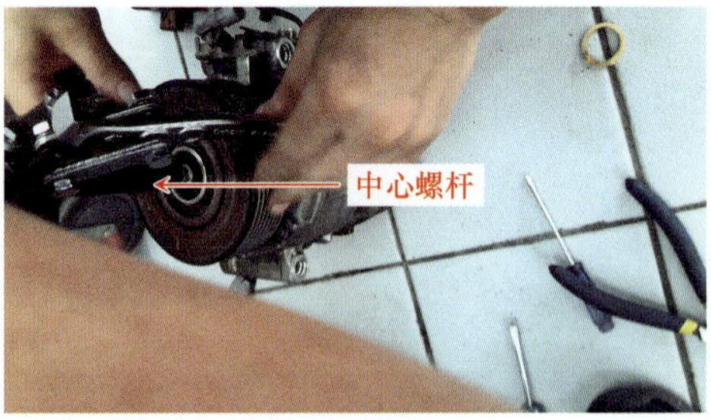

拆卸带轮

37. 空调管路的清洁

（1）首先用2个扳手交叉将两端的螺母拧松，然后将空调管接口分段拆开。

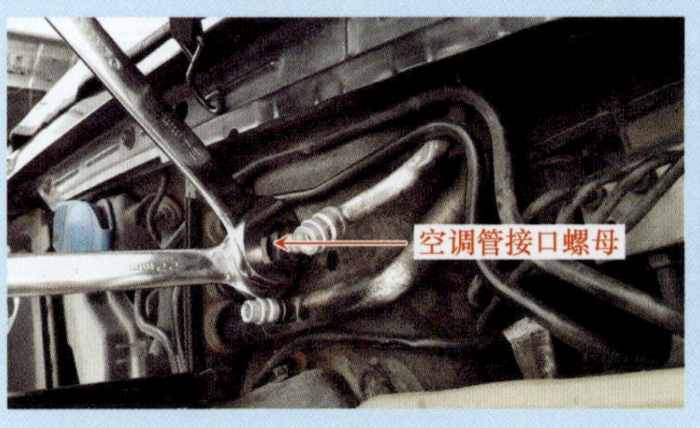

将空调管接口拆开

（2）用压缩风枪吹入空调管路中，将空调管路中的脏污吹干净。

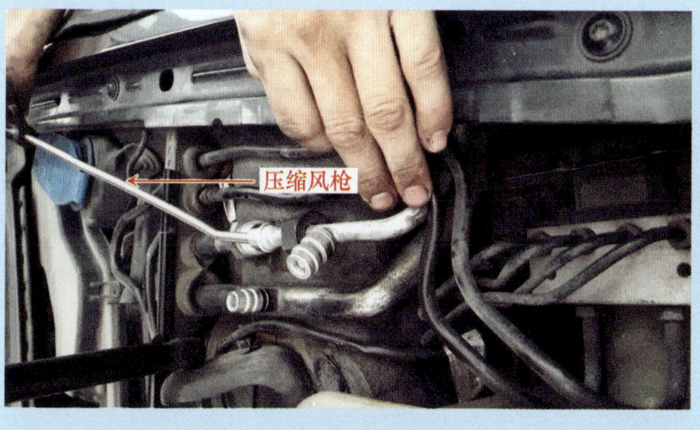

吹干净空调管路

吹干净空调管路

（3）重新将空调管路接好，然后将空调管路两端的螺母用手拧紧，最后按照拆卸相反的顺序用 2 个扳手交叉将两端的螺母锁紧。

安装空调管路接口

38. 更换空调干燥瓶

（1）首先将空调管路中的接头拆开，然后将空调干燥瓶从汽车上拆下。

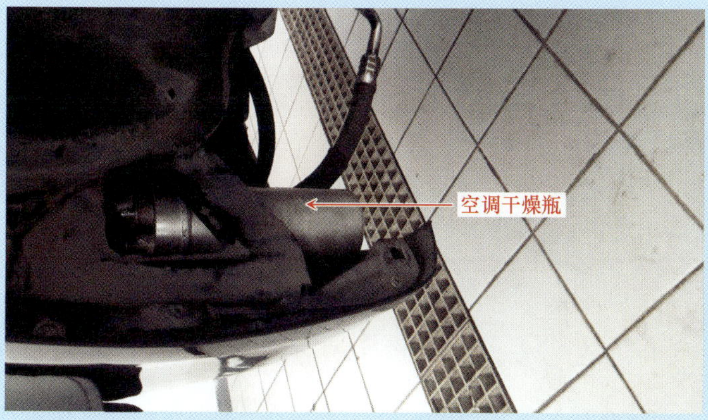

拆卸空调干燥瓶

拆卸空调干燥瓶

更换空调干燥瓶

(2) 拆下旧空调干燥瓶，然后换上新的空调干燥瓶。安装管路接头时必须更换新的密封圈，并在密封圈涂抹上一层冷冻机油，再将接口安装牢固。

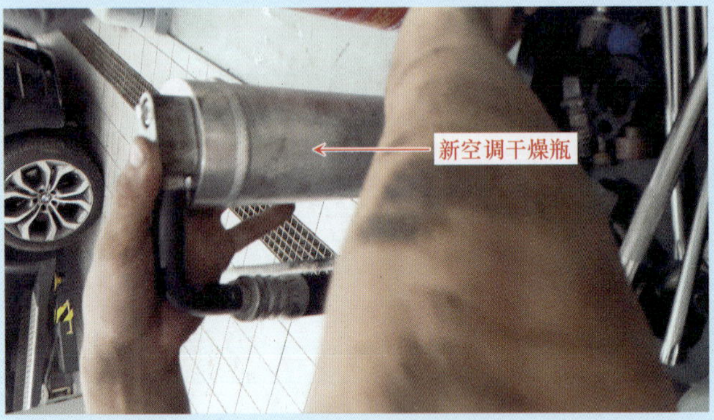

更换空调干燥瓶

安装空调干燥瓶

(3) 按照拆卸相反的顺序将空调干燥瓶安装到汽车上。

安装空调干燥瓶

39. 节流阀的安装

(1) 以奥迪轿车为例，首先将空调管路的连接接口拆开，然后从空调管路中拔出节流阀。

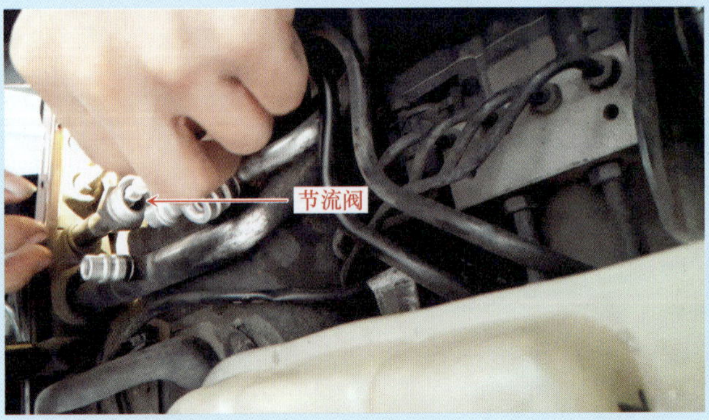

拆卸节流阀

（2）在节流阀密封圈上涂抹一层冷冻机油，然后将节流阀准确地安装到空调管路中。

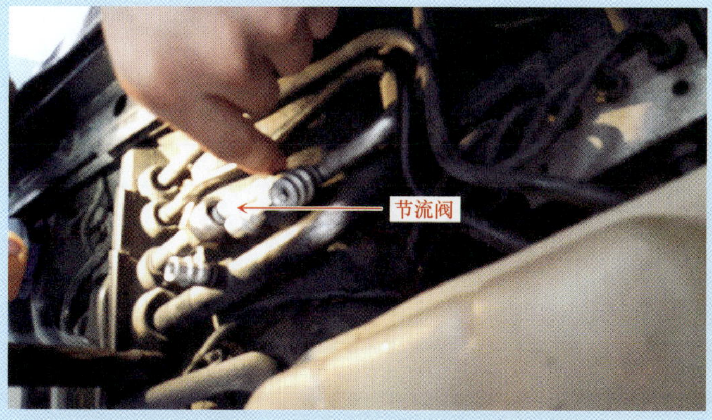

安装节流阀

（3）更换管路接口密封圈，然后在密封圈上涂抹一层冷冻机油，再将空调管路接口接好。

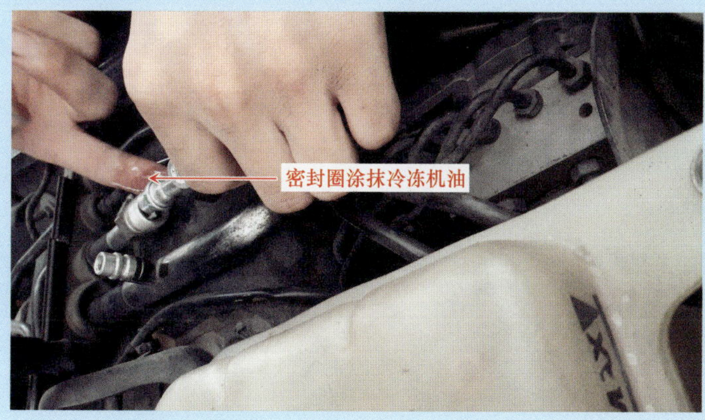

密封圈涂抹冷冻机油

（4）将空调管路两端的螺母用手拧紧，然后用 2 个扳手交叉将两端的螺母锁紧。

拧紧空调管路两端的螺母

安装节流阀

40. 空调系统的加压检漏

（1）空调歧管压力表上的红、蓝软管分别接到空调管路高压、低压阀上，并旋下空调管路的高压阀门。

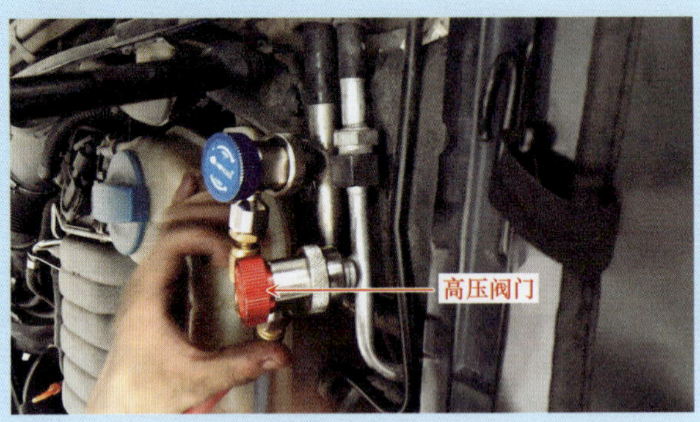

连接空调歧管压力表

（2）将空调歧管压力表的黄色软管接到真空泵排气口上。

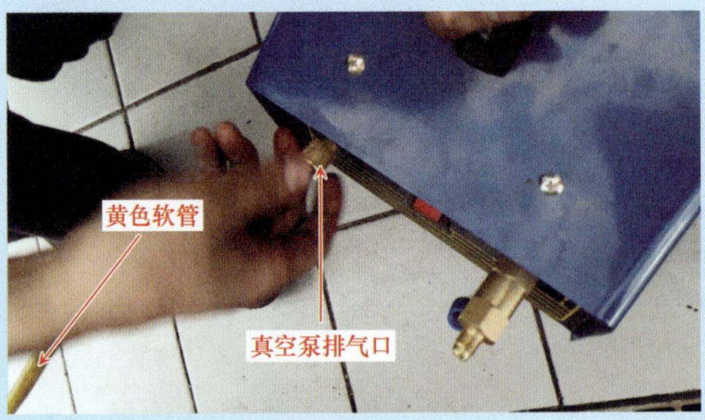

黄色软管接到真空泵排气口

（3）打开真空泵的电源开关给空调系统加压，同时要观察空调歧管压力表，当空调系统充入1800kPa（注意：压力越高越容易找到泄漏，但容易造成空调管路爆裂）左右压力时关闭真空泵的电源开关和空调歧管压力表高压手动阀，避免压力过高导致制冷管路爆裂。

打开真空泵的电源开关

连接空调歧管压力表

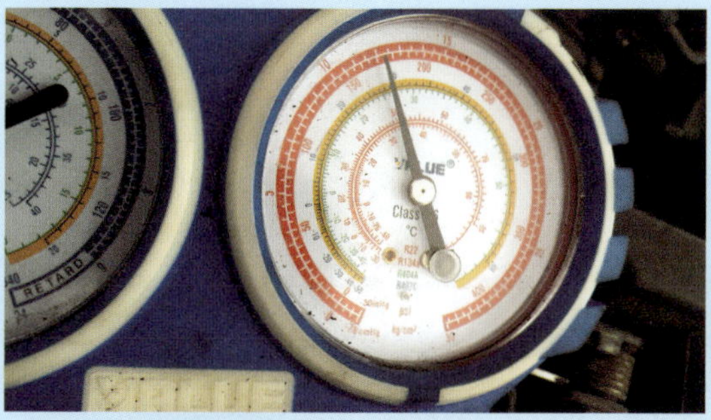

观察空调歧管压力表

空调系统加压

（4）保持 1h 观察高压表的指针的偏转幅度，如果比较大，说明系统有泄漏，应排除泄漏部位；如果高压表的指针没有变化，则系统正常。

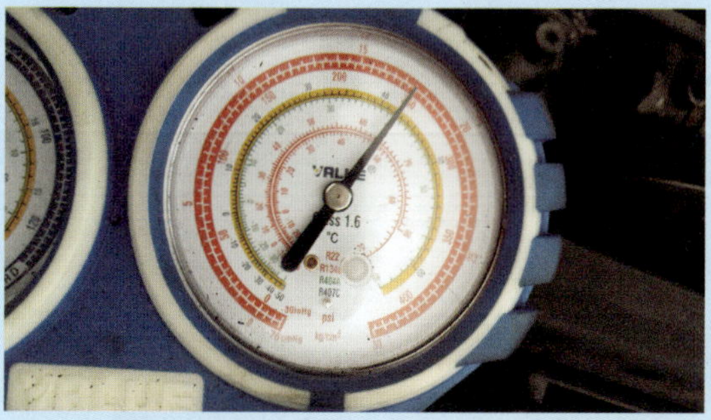

空调系统泄漏检查

相关知识

空调真空泵是汽车空调检修过程必须要使用的工具，它主要有加压和抽真空两种功能。由于生产厂家不同，空调真空泵结构有所差异，而操作方法基本相似。

使用时，按照要求将歧管压力表连接好，然后将黄色软管连接到空调真空泵排气口（接在排气口为空调加压）或吸气口（接在吸气口为空调抽真空）上，最后打开空调真空泵电源开关即可工作。

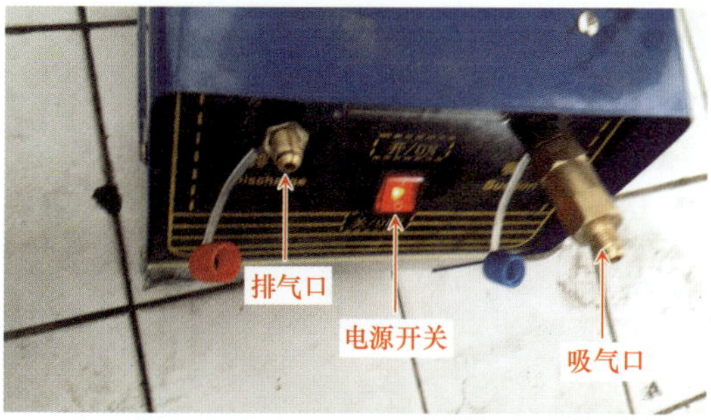

空调真空泵的使用

41. 空调抽真空

（1）空调歧管压力表上的红、蓝软管分别接到空调管路高压、低压阀上，并旋下空调管路的高压阀门和低压阀门。

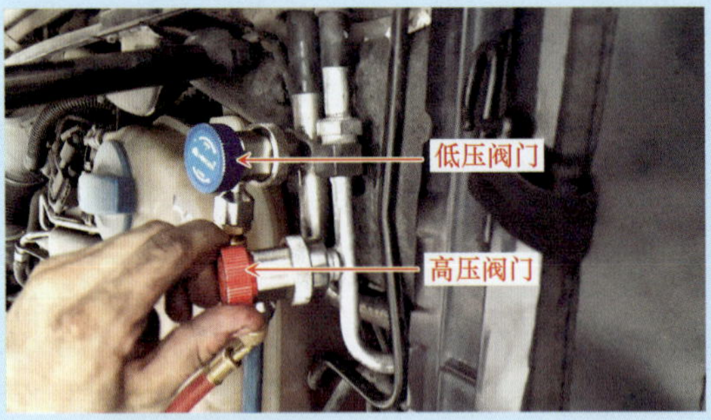

打开空调管路的高压阀门

空调管路抽真空

（2）打开空调歧管压力表高、低压手动阀，然后将黄色软管接到真空泵吸气口上，打开真空泵的电源开关，此时真空泵高速运转，开始抽出空调循环管路内的空气并排入大气中。

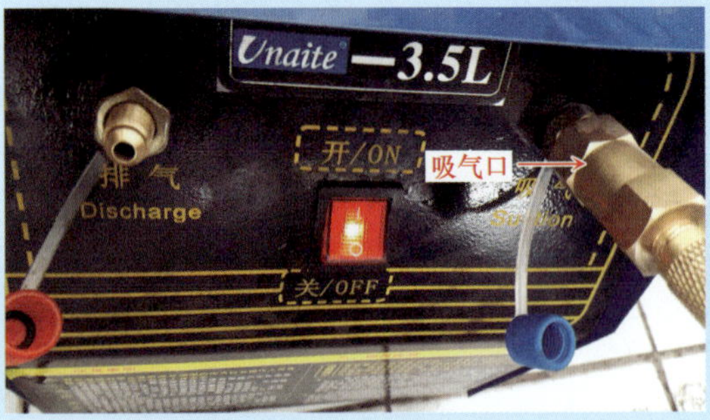

空调管路抽真空

保压测试

（3）抽完真空后关闭高、低压手动阀，并关闭真空泵电源开关，真空泵停止运转。使空调系统静止状态维持5～10min，查看指针的读数是否上升，如稳定不变，说明空调系统密封性良好，完成抽真空操作。一般情况下10min内指针的上升率要小于3kPa，否则说明空调系统有泄漏处，应修复后再抽真空。

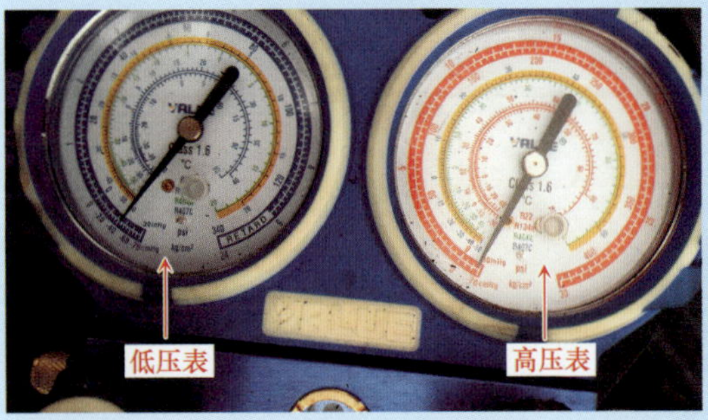

保压测试

42. 汽车空调添加冷冻机油

（1）首先对空调系统进行抽真空，然后将需要加注的冷冻机油倒入量杯或等同的量器内。

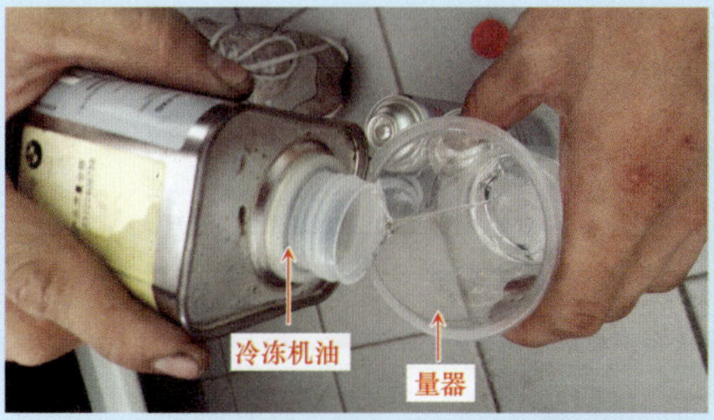

冷冻机油

（2）关闭空调歧管压力表的低压手动阀，然后拆下与空调歧管压力表连接一端的蓝色软管，把蓝色软管插入量杯（或冷冻机油瓶）中吸取冷冻机油，直到吸取干净为止。

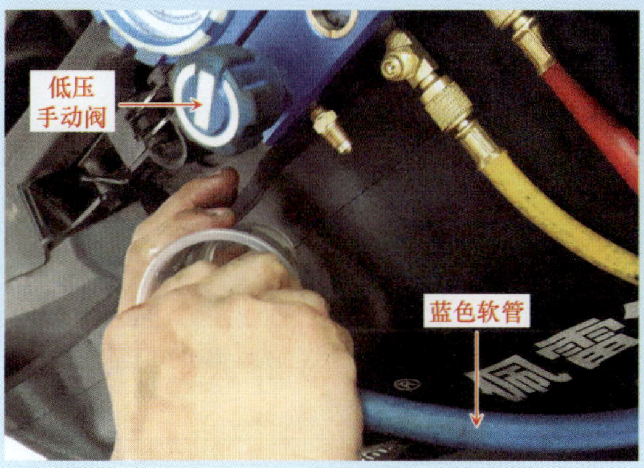

吸取冷冻机油

（3）将蓝色软管装回空调歧管压力表并打开低压手动阀继续抽真空，抽完真空即可进行充注制冷剂。

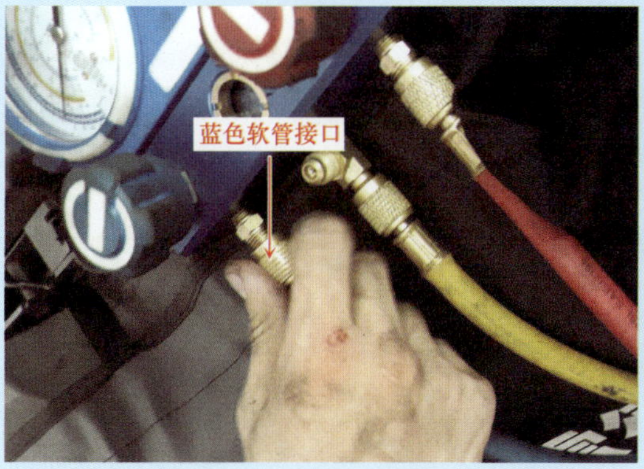

将蓝色软管装回空调歧管压力表

空调添加冷冻机油

43. 空调制冷剂的充注

（1）关闭高、低压手动阀门，从真空泵接头上取下黄色软管连接到制冷剂开瓶阀上，然后将制冷剂开瓶阀安装到制冷剂瓶上。

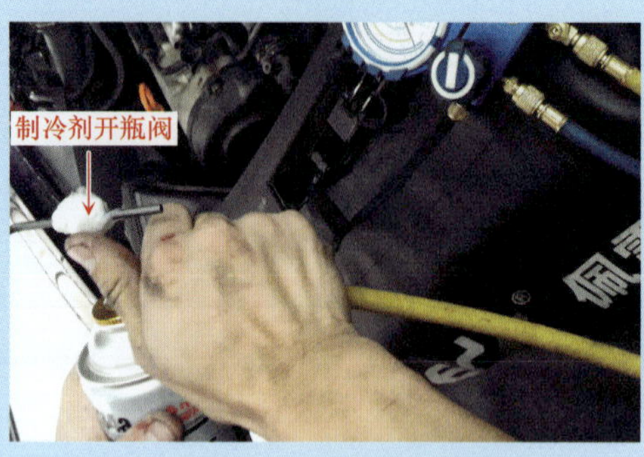

将制冷剂开瓶阀安装到制冷剂瓶上

（2）旋转制冷剂开瓶阀上的阀门，使之刺破制冷剂瓶，然后旋出制冷剂开瓶阀阀门，从而排出制冷剂。

旋转制冷剂开瓶阀的阀门

（3）用手压下放气针阀，直至听到“丝丝”声，目的是将制冷剂瓶至空调歧管压力表间的黄色软管存留空气释放。

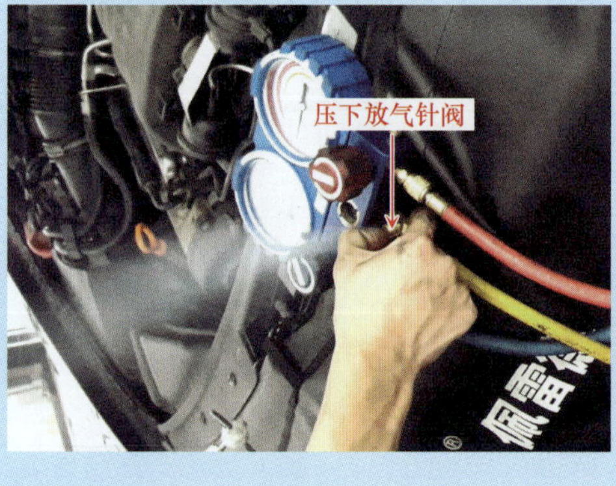

用手压下放气针阀

（4）缓慢打开空调歧管压力表低压手动阀，使制冷剂进入空调系统低压管路中。

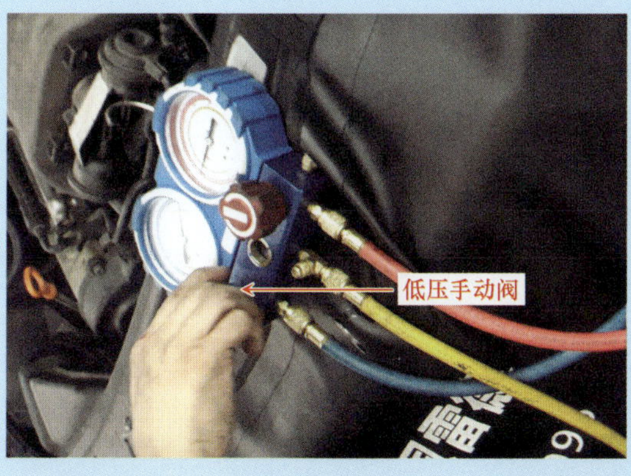

打开空调歧管压力表低压手动阀

（5）起动发动机并让其怠速运转，接通空调（A / C）开关，将鼓风机开关开至最大，温度控制开关开至最低，让制冷剂更加容易进入空调系统，当制冷剂瓶内的制冷剂没有时，即可关闭低压手动阀。观察空调系统高、低压表压力数值，一般发动机在 1250 ~1500r/min 时，低压表应为 200 ~250kPa，高压表应为 1200 ~1500kPa。如果制冷剂不足则应采用（1）~（4）同样的步骤添加制冷剂，直至充注量达到规定值为止（车型不同加注量有所差异）。

加注制冷剂

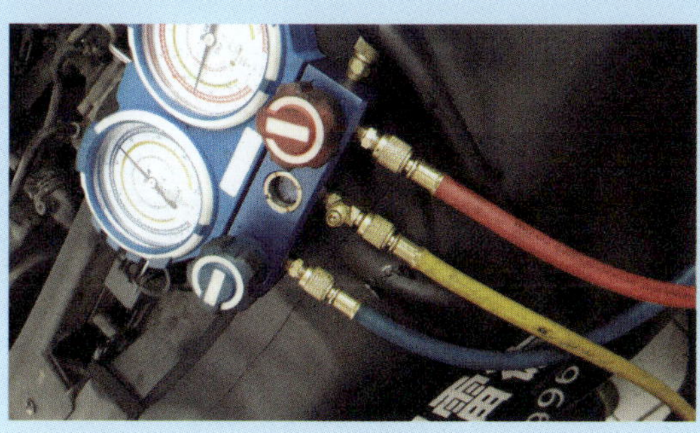

显示空调系统高、低压表压力数值

（6）关闭空调系统，分别取下空调歧管压力表连接软管，使用喷水壶在高、低压管路阀门上喷上泡沫水，检查高、低压管路阀门是否有制冷剂泄漏。如果没有，则将防尘帽旋入高、低压管路的阀门即可完成制冷剂的加注。

检查高、低压管路阀门

检查高、低压管路阀门

相关知识

1. 肉眼检查制冷剂量

起动发动机并打开 A/C 开关，将发动机转速稳定在 1500～2000r/min，把空调功能键置于最大制冷状态，鼓风机置于最高转速，当空调系统工作 5min 后通过观察视液镜来判断制冷剂量。

（1）当视液镜一片清晰，通风口有冷气吹出，在发动机转速提高或降低时，可能有少量气泡出现，关闭空调后随即气泡逐渐消失，说明制冷剂量合适。

（2）当视液镜有少量气泡出现，或者每隔 1～2s 就可以看到气泡，说明制冷剂量不足，应查补充制冷剂至适量。

（3）当视液镜一片清晰，通风口有冷气吹出，关闭 A / C 开关后 15s 内无气泡，说明制冷剂过量，应排出一些制冷剂。

（4）当视液镜看到很多气泡或者气泡消失，视液镜内呈油雾状或条纹，说明制冷剂严重不足或根本无制冷剂，应查明泄漏部位并加注制冷剂至适量。

2. 根据歧管压力表诊断空调制冷系统故障

起动发动机，保持 1500～2000r / min 的转速，让压缩机工作，在 30s 内观察高、低压表的读数。低压表读数 200～250kPa、高压表读数 1200～1500kPa 为正常。如果压力读数不在规定的范围内说明空调制冷系统有故障。

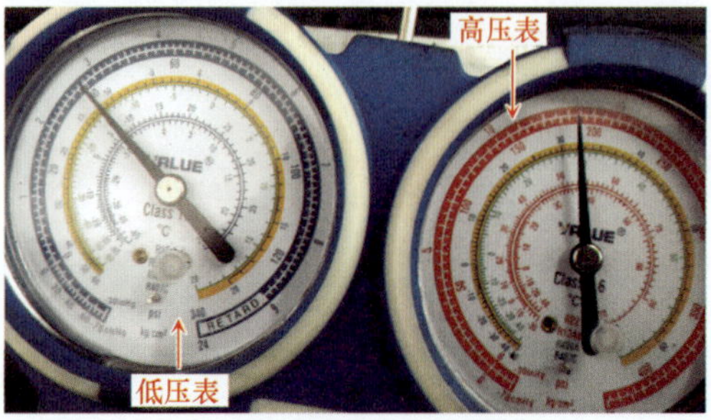

高、低压表的读数

（1）低压表和高压表的压力都过低，主要原因和排除方法如下：

1）制冷剂不足，补充加注制冷剂。

2）制冷系统有泄漏，检漏修复后加注适量制冷剂。

3）制冷系统内有水分，排放制冷剂后抽真空，重新加注制冷剂。

4）制冷剂流动不畅，检查膨胀阀（或节流阀）、储液罐（或干燥瓶）、管路等是否堵塞，如有堵塞则应重新更换新件。

（2）低压表和高压表的压力都过高，主要原因和排除方法如下：

1）制冷剂过多，放出部分制冷剂。

2）冷凝器散热不良，检查冷凝器风扇工作情况，检查清洗冷凝器。

3）膨胀阀（或节流阀）工作不良，更换膨胀阀（或节流阀）。

4）制冷系统中混入空气，放净制冷剂，抽真空后重新加注制冷剂。

（3）低压表有时出现真空，而高压表正常，主要原因和排除方法如下：

1）制冷剂不能循环，重新抽真空添加制冷剂。

2）膨胀阀（或节流阀）出口及进口处结冰，排出制冷剂中的水分或更换制冷剂，必要时更换储液罐（或干燥瓶）。

（4）低压表真空，并且高压表很低，主要原因和排除方法如下：

1）膨胀阀（或节流阀）处结霜，更换膨胀阀（或节流阀）。

2）储液罐（或干燥瓶）结霜，更换储液罐（或干燥瓶）。

（5）低压表太高，而高压表太低，主要原因和排除方法如下：

1）压缩机内部密封件损坏，更换压缩机密封件。

2）压缩机内部故障，更换新压缩机。

压缩机内部故障

（6）低压表太低，而高压表太高，主要原因和排除方法如下：

1）高压管或空调系统堵塞，清洗或更换堵塞的零部件。

2）高压管被压扁，更换高压管。

44. 空调制冷剂的排放

（1）首先要将歧管压力表连接到空调高压、低压阀上。

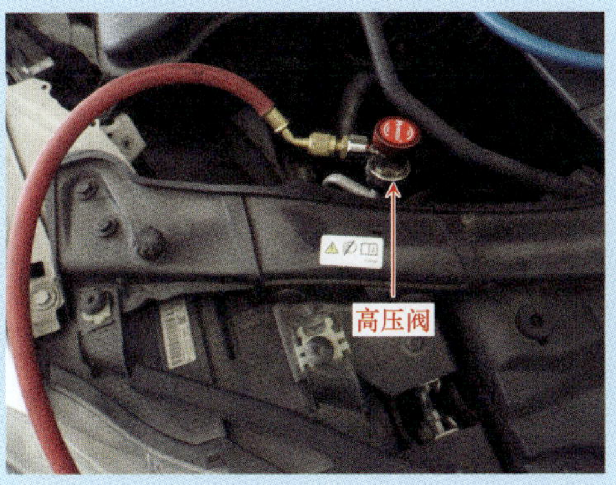

连接歧管压力表

（2）准备一个盛有水的容器，然后将黄色软管插入该容器中。

黄色软管插入盛有水的容器中

排放制冷剂

（3）缓慢打开低压手动阀来排放制冷剂（其目的是防止压缩机油跟随制冷剂一起排出），再缓慢打开高压手动阀即可排干净制冷剂。注意：手拿盛有水的容器可能会出现被冻伤的现象，在黄色软管够长的情况下最好将其放在地面上。

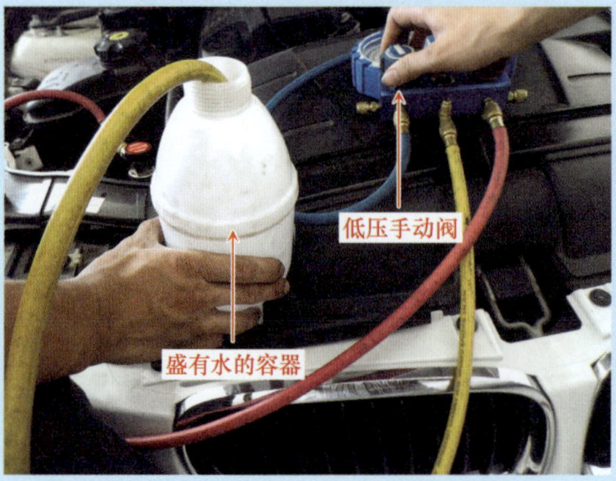

排放制冷剂

第 6 章　汽车辅助电器检修

45. 侧视辅助系统的常见故障检修方法

（1）首先连接故障诊断仪进行系统快速诊断，读取侧视辅助系统故障码，如图中显示“800BDA-左侧侧视摄像机未连接”。该故障原因主要有左侧侧视摄像机与左侧侧视摄像机的线束插接器接触不良、侧视辅助系统控制单元与左侧侧视摄像机的线束插接器接触不良等。

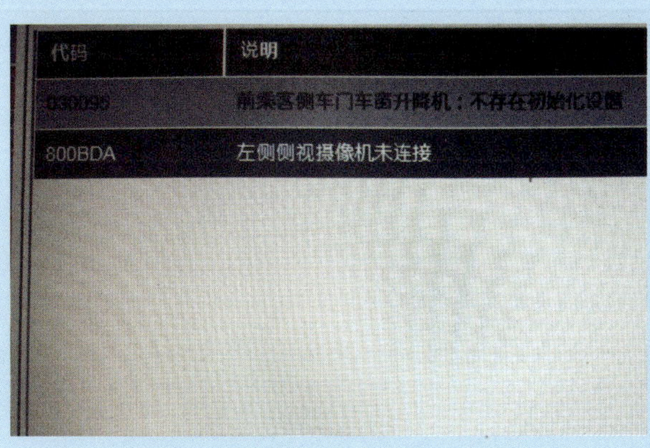

读取侧视辅助系统故障码

（2）针对第一项左侧侧视摄像机与左侧侧视摄像机的线束插接器接触不良进行的故障检修方法如下：

1）首先从左侧保险杠上拆卸左侧侧视摄像机。

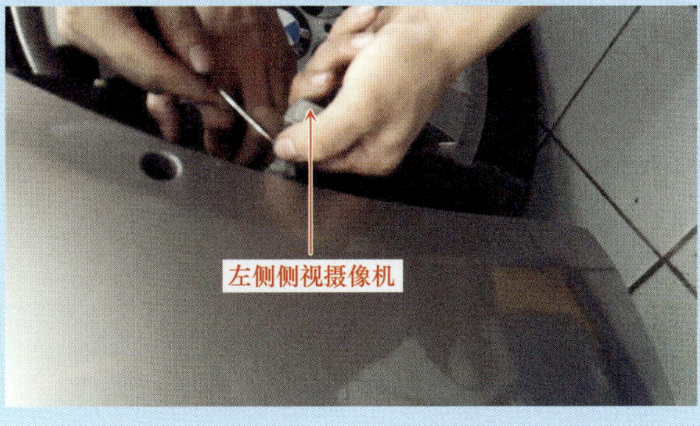

拆卸左侧侧视摄像机

拆卸左侧侧视摄像机

吹干净左侧侧视摄像机插接器

2）使用压缩风枪将左侧侧视摄像机插接器的脏污吹干净。

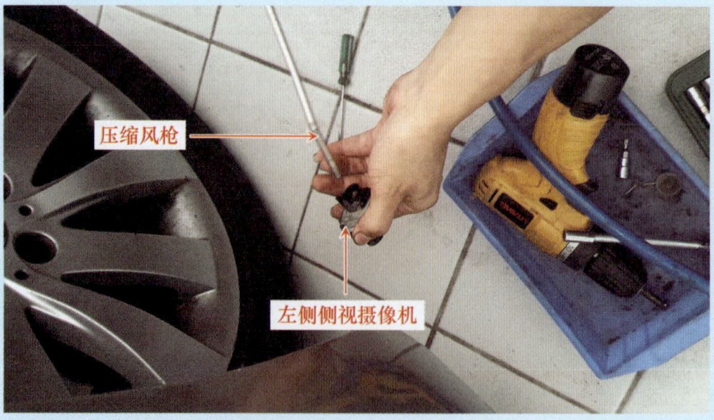

吹干净左侧侧视摄像机插接器

3）使用压缩风枪将左侧侧视摄像机的线束插接器的脏污吹干净。

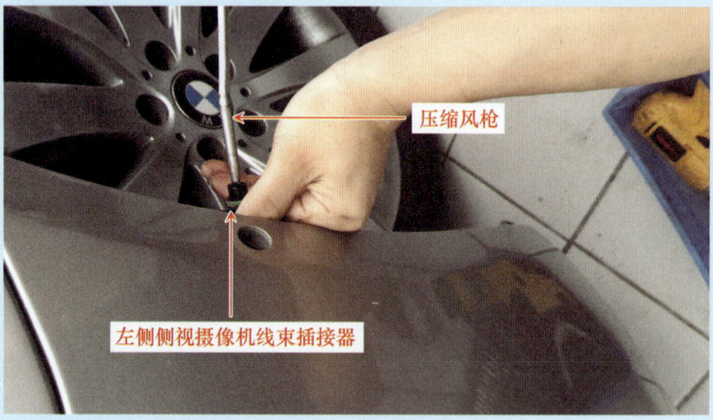

吹干净左侧侧视摄像机的线束插接器

安装左侧侧视摄像机

4）按照相反的顺序安装好左侧侧视摄像机，然后重新检查侧视辅助系统是否恢复正常，如果不正常则应进行第二项检修。

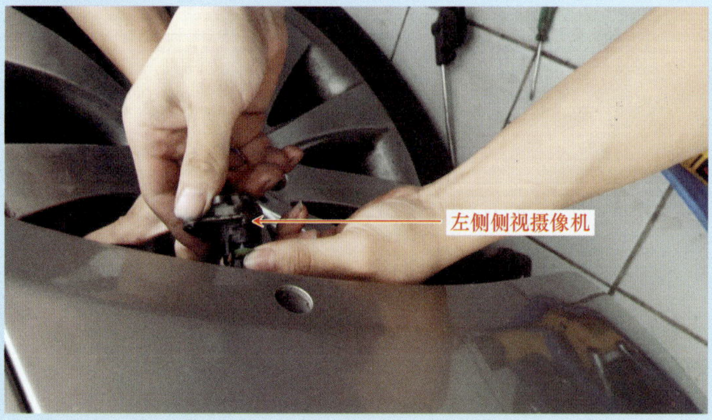

安装左侧侧视摄像机

(3) 针对第二项侧视辅助系统控制单元与左侧侧视摄像机的线束插接器接触不良的检修方法如下：

1）首先走引导计划，调出左侧侧视摄像机的电路图。

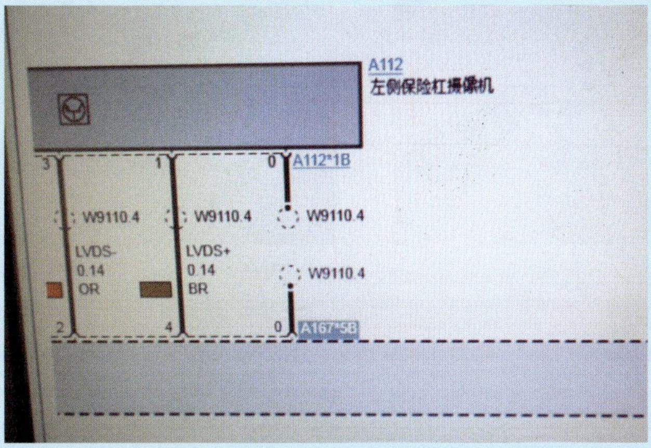

左侧侧视摄像机的电路图

2）拆出侧视辅助系统控制单元，然后使用压缩风枪将侧视辅助系统控制单元与左侧侧视摄像机的线束插接器的脏污吹干净。安装好侧视辅助系统控制单元，重新检查侧视辅助系统是否恢复正常，如果不正常则应更换新的左侧侧视摄像机或排除侧视辅助系统控制单元与左侧侧视摄像机的线束之间的断路情况。

吹干净控制单元与左侧侧视摄像机的线束插接器

吹干净控制单元与左侧侧视摄像机的线束插接器

相关知识

侧视辅助系统可以在驶入道路和十字路口时两侧视野受限的情况下为驾驶人提供帮助。该功能通过安装在前保险杠左侧和右侧上的两个侧视摄像机实现。侧视辅助系统可以通过变速杆旁操作面板上的一个按钮或控制器启用。

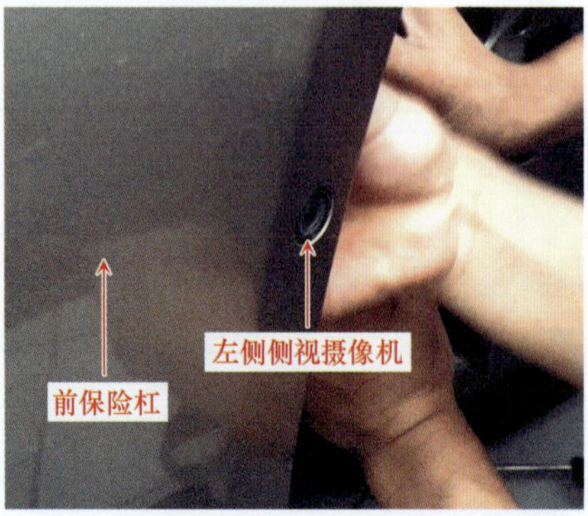

左侧侧视摄像机位置

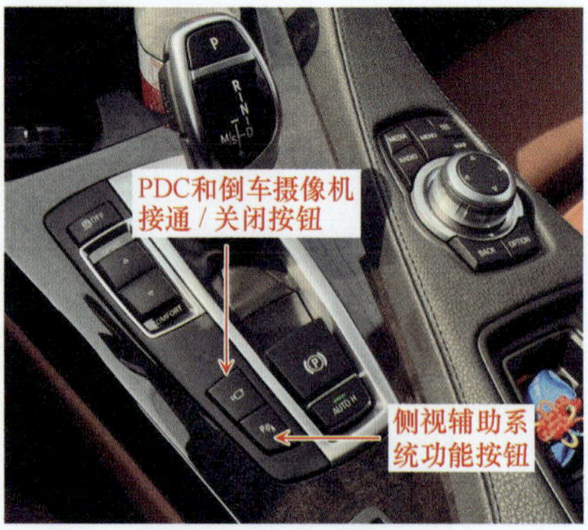

侧视辅助系统开关

车速低于 30km/h 时在 CID 中以分屏方式显示摄像机图像。与倒车摄像机一样，两个侧视系统摄像机也通过 LVDS 数据导线将信号提供给侧视辅助系统控制单元。它覆盖范围大约为 100m，车速高于 30km/h 时会自动关闭。

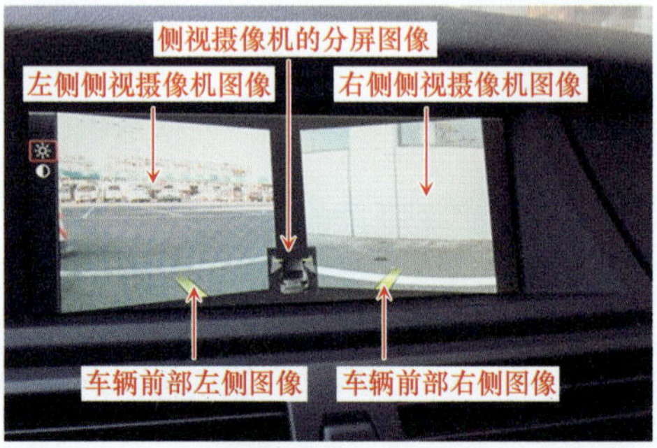

侧视辅助系统图像

46. 可视倒车影响系统的检修

（1）如果可视倒车影响系统无法显示图像，首先检查摄像机有没有损坏，如有异常必须更换新的摄像机。如果更换新的摄像机后可视倒车影响系统依然不正常，则进行下一步检查。

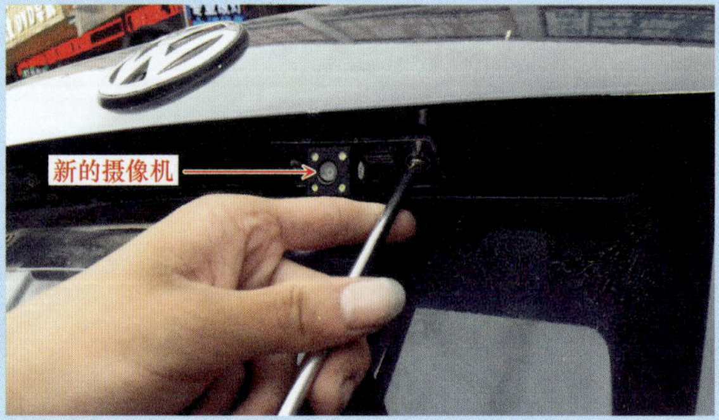

更换新的摄像机

（2）拆下摄像机的电源线进行检查，看电源线是否存在接触不良的情况，如有则重新连接并包扎。如果摄像机的电源线正常，则进行下一步检查。

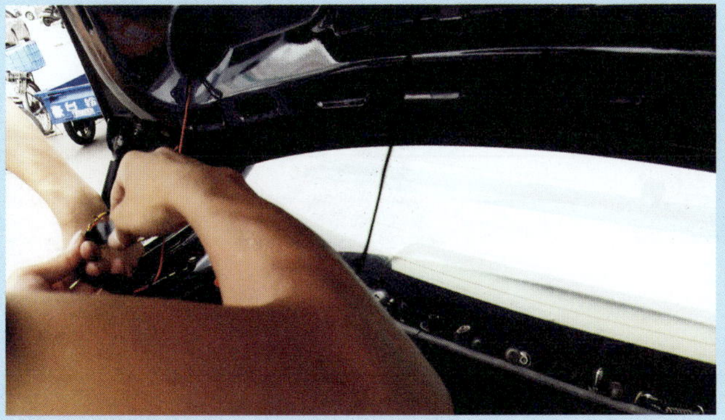

检查摄像机的电源线

（3）检查摄像机视频线是否有接触不良、烧蚀的情况，如有，必须进行修复。如果视频线正常，则应使用良好的倒车影像主机进行替换检查，如果可视倒车影响系统恢复正常，则说明倒车影像主机损坏，应更换新的倒车影像主机。如果可视倒车影响系统依旧不正常，则更换倒车影像主机到摄像机的线束。

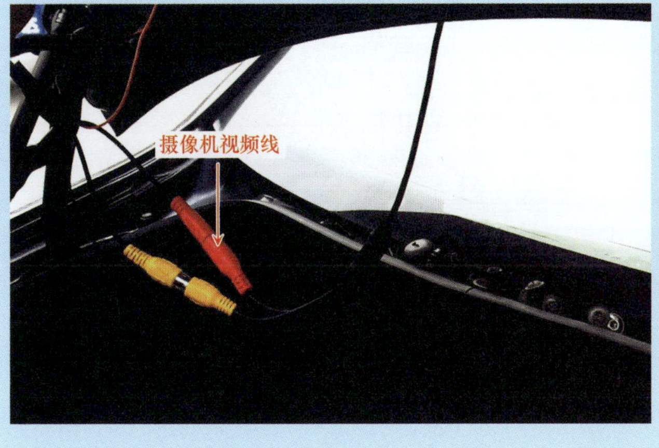

检查摄像机视频线

检查摄像机的电源线

47. 前照灯电路的检修

（1）如果前照灯的灯光不亮，首先检查前照灯灯泡是否烧坏，如果前照灯灯泡烧坏，则使用新的灯泡进行更换。如果前照灯灯泡正常，则进行下一步检查。

（2）检查前照灯的熔丝是否熔断，前照灯的插接器接触是否良好，如果出现异常则将其故障排除；如果它们均正常则使用试灯逐段检查前照灯电路是否存在断路或短路的故障，直到将故障部位排除为止。

注意：测试插接器插头时，将试灯探针从线束插头侧插入直至接触端子。测试插座时，只将探针轻微接触端子即可，不要将探针插入。千万不要刺破导线的绝缘外皮来检查线路，否则将会导致电路接触不良或间歇性电气连接故障。

前照灯电路检查

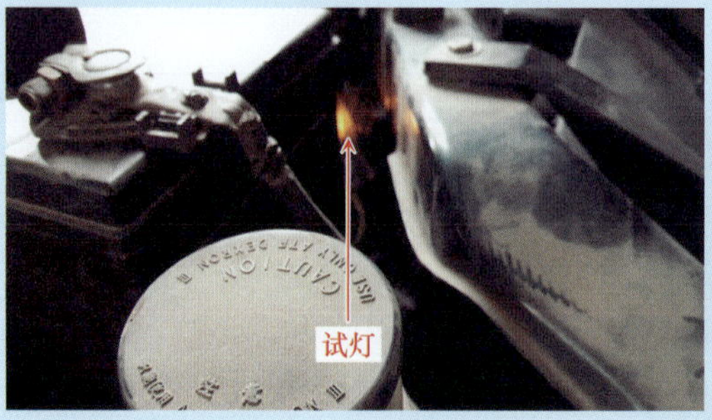

前照灯电路检查

48. 更换倒车灯灯泡

拆卸倒车灯灯泡

（1）首先拆下后尾灯总成，然后找到倒车灯的灯泡，将倒车灯灯泡从倒车灯灯座上拆下。

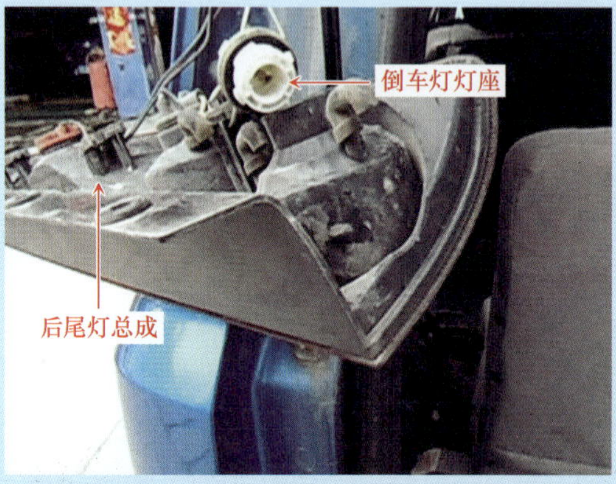

拆卸倒车灯灯泡

安装倒车灯灯泡

（2）将新的倒车灯灯泡安装在倒车灯灯座上，然后将变速杆拨至倒档位置，确认倒车灯灯泡是否点亮。如倒车灯灯泡点亮，则将其装入后尾灯总成，再将后尾灯总成安装好即可。如果倒车灯灯泡不亮，则排除倒车灯电路故障。

安装倒车灯灯泡

49. 更换阅读灯总成

（1）用一字螺钉旋具将阅读灯总成拆下。

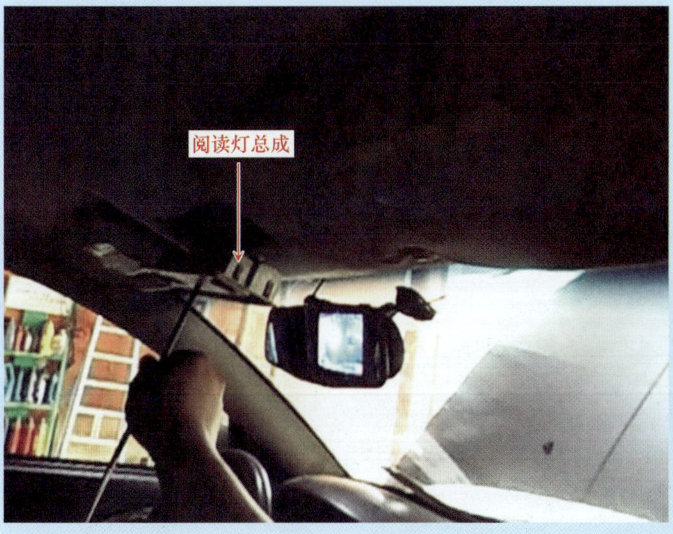

拆卸阅读灯总成

（2）拔下阅读灯总成电源线，取下旧阅读灯总成，然后换上新的阅读灯总成，再按照相反的顺序安装好阅读灯总成，确保阅读灯工作正常即可。

安装新阅读灯总成

更换阅读灯总成

50. 仪表保养灯归零

以宝马 X5 轿车为例，仪表保养灯归零可通过组合仪表上的分里程表显示按钮来进行保养周期显示复位操作，具体操作步骤如下：

（1）点火钥匙打到位置“0”。

（2）按住分里程显示器的按钮（在组合仪表的左下侧），并将点火钥匙旋转至位置“1”。

（3）继续按住按钮约5s，直到显示“OELSERVICE（换油保养）”或“INSPEKTION（保养检查）”，等待“RESET（复位）”或“RE”闪烁。

（4）在显示器闪烁时短时间按住按钮，以使保养周期复位（组合仪表显示新的里程）。在显示器短暂显示新的周期后，转而显示制动液更换周期。在显示器上出现时钟符号和“RESET（复位）”或“RE”闪烁。

（5）再次按住按钮约5s，直到显示“RESET（复位）”或“RE”闪烁。

仪表保养灯归零

（6）在显示器闪烁时短暂按住按钮，以使制动液周期复位。

仪表保养灯归零

参考文献

[1] 刘越琪. 发动机电控技术 [M]. 北京：机械工业出版社，2002.
[2] 曹晓华，等. 汽车运用基础 [M]. 北京：高等教育出版社，2004.
[3] 吴文琳，等. 汽车电工 1000 个怎么办 [M]. 北京：中国电力出版社，2010.
[4] 胡光辉. 汽车电器设备构造与检修 [M]. 北京：机械工业出版社，2010.
[5] 王志敏. 奔驰/宝马/大众/奥迪车系技术剖析与疑难案例集锦 [M]. 北京：机械工业出版社，2014.